Jörn Albrecht

Linguistik und Übersetzung

Max Niemeyer Verlag
Tübingen 1973

ISBN 3-484-50063-8

O. EINLEITUNG

O.1. Linguistik und Übersetzung

Es gehört zu den Gemeinplätzen der übersetzungswissenschaftlichen Literatur zu bedauern, bzw. mit Erstaunen festzustellen, daß sich die Linguistik bisher mit den Problemen der Übersetzung kaum auseinandergesetzt habe. Man kann diese Behauptung weder bestätigen noch zurückweisen, ohne einige wissenschaftsorganisatorische Fragen anzuschneiden. Es ist nämlich bis heute nicht geklärt, wo die Grenzen des Arbeitsgebietes der Linguistik zu ziehen sind; denn die Frage der Grenzziehung hängt von der jeweiligen Sprachtheorie ab, auf deren Hintergrund die verschiedenen Schulen arbeiten. Generell kann man sagen, daß dieses Gebiet innerhalb der verschiedenen europäischen Strukturalismen im Vergleich zum 19. Jh. stark eingeschränkt worden ist, ganz zu schweigen vom nordamerikanischen Strukturalismus, über dessen "Bedeutungsfeindlichkeit" genug geschrieben worden ist. In neuerer Zeit fühlen sich die Linguisten wieder für ein größeres Gebiet zuständig; davon zeugen besonders die aufblühenden Sparten wie Psycho-, Sozio-, Pragmalinguistik, der vorsichtige "Anti-Antimentalismus" Chomskys sowie der allgemeine Trend zum Neologizismus auf dem Gebiet der Grammatiktheorie und in der Universalienfrage; alles Anzeichen dafür, daß man sich bemüht, das Phänomen Sprache wieder in größeren Zusammenhängen zu sehen.

O.1.1. Ob die Linguistik für die Übersetzung zuständig ist oder nicht, hängt in erster Linie von der Rolle ab, die der Semantik innerhalb der jeweiligen Sprachtheorie zugewiesen wird. Von einem Ausschluß der Semantik vom Arbeitsgebiet der Linguistik kann heute keine Rede mehr sein, jedoch konnte man sich bisher nicht auf ein einheitliches Modell des Bedeutens einigen. (vgl. 2.2.3.)

O.1.2. Das Übersetzen ist in jedem Fall ein weit komplexerer Vorgang, als zuweilen angenommen worden ist; das hat sich seit 1947 immer klarer gezeigt, als W.Weaver noch glaubte, die Übersetzung als Problem der Umkodierung einer Nachricht auffassen zu können. Wenn wir alle im Zusammenhang mit der Übersetzung interessierenden Fragen wenigstens streifen wollen, so müssen wir uns teilweise auf Gebiete begeben, die für die Linguistik im engeren Sinne von marginalem Interesse sind. Die im Zusammenhang mit der Heterogeneität der am Übersetzungsvorgang beteiligten Faktoren zuweilen aufgeworfene Frage, ob die Übersetzung nicht "nur" ein Handwerk, keine Wissenschaft sei, ist falsch gestellt: Die Tätigkeit des Übersetzers ist in jedem Falle keine Wissenschaft, sondern ein Handwerk, das jedoch, wie jeder Gegenstand, wissenschaftlich untersucht werden kann. Wir wollen auch die rein "handwerklichen" Aspekte nicht aus den Augen verlieren (vgl. Kap. 7.)

0.2. Bibliographische Fragen

Die Literatur zu Fragen der Übersetzung ist ziemlich umfangreich, wenn auch häufig das Gegenteil behauptet wird. Verhältnismäßig selten sind lediglich jene Arbeiten, die zwischen Theorie und Praxis zu vermitteln suchen. Es gibt in der Tat eine ganze Reihe von Arbeiten, die sich auf einem hohen theoretischen Niveau bewegen, dabei aber so allgemein bleiben, daß sie für den an praktischen Problemen der Übersetzung interessierten Leser uninteressant sind; weit häufiger jedoch sind Arbeiten des entgegengesetzten Typs, in denen zweifellos erfahrene Praktiker im launigen Plauderton von den Schwierigkeiten bei der Ausübung ihrer Tätigkeit berichten. Im vorliegenden "Arbeitsheft" soll versucht werden, einen mittleren Weg einzuschlagen.

0.2.1. Unentbehrlich bei aller theoretischen Unzulänglichkeit bleiben in jedem Fall Materialsammlungen zur bilingualen Übersetzung, die aus einer langen Lehrtätigkeit hervorgegangen sind. Ordnungsprinzip ähnlicher Werke ist oft das Alphabet, möglicherweise unter Zuhilfenahme einiger Kategorien der Schulgrammatik; jedoch enthalten sie ein aus praktischer Erfahrung gewonnenes Material, das in eine stärker theoretisch ausgerichtete Arbeit unmöglich vollständig eingearbeitet werden kann.

0.2.2. Wir wollen dem Charakter eines "Arbeitsheftes" insofern zu entsprechen versuchen, als wir auf genaue Zitate, wie sie in streng wissenschaftlichen Werken üblich sind, weitgehend verzichten werden. Anstatt in jedem Fall genau zu belegen, wo ein - bei uns möglicherweise paraphrasierter oder modifizierter - Gedanke zu finden ist, wollen wir auf unsere Quellen in Form von möglichst präzisen Lektürehinweisen am Ende der einzelnen Kapitel verweisen. Die zu den einzelnen Punkten unserer Ausführungen angegebene Literatur ist als Alternativvorschlag gedacht, d.h. es genügt im allgemeinen, nur eine Literaturstelle zu den angeschnittenen Fragen zu lesen. Allerdings setzen einige Übungen die Kenntnis der angegebenen Literatur voraus; wer also den Ehrgeiz haben sollte, das Heft "durchzuarbeiten", sollte das am besten in einer guten Seminarbibliothek tun. Neuere Arbeiten werden stärker berücksichtigt als ältere, die Geschichte der Übersetzung wird abgesehen von gelegentlichen Hinweisen nicht behandelt.

0.3. Behandelte Sprachen

Die vorliegende Arbeit behandelt nicht nur Probleme der Übersetzung im allgemeinen, sondern vornehmlich Probleme der bilingualen Übersetzung, d.h. der Übersetzung von einer Einzelsprache in eine andere. Es versteht sich fast von selbst, daß im Rahmen der "Romanistischen Arbeitshefte" die Sprachen Französisch und Deutsch im Mittelpunkt stehen; gelegentlich werden auch Beispiele aus anderen - meist romanischen - Sprachen hinzugezogen. Dabei soll auch auf das häufig vernachlässigte Problem der Gerichtetheit des Übersetzungsprozesses eingegangen werden, d.h. auf die Probleme die davon abhängen, welche Sprache im jeweiligen Fall als A u s g a n g s p r a c h e (AS) (frz. "langue de départ" (LD); engl. "source language" (SL)) oder als Z i e l s p r a c h e (ZS) (frz. "langue d'arrivée" (LA), engl. "target language" (TL) oder "receptor language" (RL)) fungiert.

0.4. Maschinelle Übersetzung (MT)

Das vorliegende Heft befaßt sich fast ausschließlich mit den Problemen der Übersetzung durch den Menschen, im folgenden - da es sich um einen bereits eingebürgerten Terminus handelt - Humantranslation (HT) genannt. Auf Probleme, die bei der Entwicklung der Theorie der maschinellen Translation (MT) angefallen sind, wird nur dann eingegangen, wenn sie auch für die HT relevant sind. Im übrigen scheint der augenblickliche Trend darauf hinauszulaufen, einen großen Teil der Theorie für beide Übersetzungsarten gemeinsam aufzubauen, bzw. zu versuchen, den HT-Prozeß - soweit der Beobachtung zugänglich - zu analysieren und so genau wie möglich bei der MT zu imitieren. Die Unterschiede liegen hauptsächlich in den einzuschlagenden Übersetzungsstrategien und in der Formulierung der dazu notwendigen Anweisungen.

0.5. Literaturhinweise

In vielen der in den folgenden Kapiteln angeführten Arbeiten werden selbstverständlich auch die hier kurz angeschnittenen allgemeinen Fragen erörtert. Als etwas ausführlichere Einführung in die Problematik eignen sich:

Zu 0.1. - 0.2.
Mounin, Problèmes, S.10-17 (Chap. II)
Nida, Science (1969), S.483 und 484

Zu 0.2.1.
Musterbeispiel für die hier gemeinte Art von Arbeiten:
Truffaut, Grundprobleme
Rez. dazu vgl. R.Klesczewski (1969)

Zu 0.4.
Oomen, Ü.-prozeß, in toto (13 Seiten)
Schnelle, Aspekte, in toto (9 Seiten)

Bemerkung: Bibliographische Angaben erscheinen in den Literaturhinweisen grundsätzlich in Kurzform; die genauen Angaben finden sich im Literaturverzeichnis. Die Seitenangaben bezeichnen die genaue Stelle, die gelesen werden soll - wenn nötig, wird dabei Anfang und Ende der Stelle noch genauer bezeichnet (z.B. "On voit...substance"). Bei Artikeln die vollständig (in toto) gelesen werden sollen, bedeuten die beigefügten Seitenzahlen die Länge der jeweiligen Arbeit.

1. ÜBERSETZBARKEIT VS. UNÜBERSETZBARKEIT

Mehr noch als um die Frage, was Übersetzung nun eigentlich sei, wird in der übersetzungswissenschaftlichen Literatur darum gestritten, ob die Übersetzung theoretisch möglich sei oder nicht; das Meinungsspektrum reicht hier von entschiedener Zustimmung bis zu kategorischer Ablehnung. Bevor wir uns im 2. Kapitel unter einem immer noch sehr allgemeinen Gesichtspunkt mit verschiedenen Modellen und theoretischen Rechtfertigungen des Übersetzungsprozesses beschäftigen wollen, müssen wir uns hier kurz mit der logisch übergeordneten Frage der Möglichkeit der Übersetzung überhaupt auseinandersetzen. Um das Problem erörtern zu können, müssen wir bereits hier einen zentralen Begriff aller theoretischen Bemühungen um die Übersetzung einführen, der erst im 2. Kapitel genauer bestimmt werden kann: die I n v a r i a n t e der Übersetzung. Wenn wir die Übersetzung hier probeweise und reichlich vage definieren als "einen Vorgang, bei dem ein Inhalt (Nachricht, Botschaft etc.) von einer Sprache in eine andere übertragen wird", so liegt die Schwierigkeit unserer probeweisen Definition zweifellos in dem nicht klar genug bestimmten Verhältnis, das zwischen den Ausdrücken "übertragen" einerseits und "Inhalt (Nachricht, Botschaft)" andererseits besteht.
Aus Gründen der Zweckmäßigkeit wollen wir den Ausdruck "übertragen" nicht weiter diskutieren, sondern im strengen Sinne verstehen als "etwas u n v e r ä n d e r t von einem Zustand in einen anderen überführen." Das, was bei einer solchen "Übertragung" n i c h t v e r ä n d e r t w i r d - bzw. bei normativer Betrachtungsweise nicht verändert werden darf - nennt man Invariante; beim Geldwechseln ändern sich z.B. Aussehen und numerischer Wert der eingetauschten Scheine beträchtlich, möglichst nicht ändern sollte sich dagegen ihr "realer Wert". Nun erweist sich bei näherem Hinsehen dieser "reale Wert", die "Invariante" beim Geldumtausch, als höchst problematischer Begriff, da das Preisgefüge innerhalb verschiedener Währungsgebiete so gut wie nie völlig gleich strukturiert ist. Mindestens ebenso problematisch ist es, die Invariante beim Übersetzungsvorgang durch Ausdrücke wie "Inhalt", "Botschaft", "Nachricht" "Information" und ähnliches genauer bestimmen zu wollen. Es genügt jedoch, in diesem vorläufigen Stadium unserer Betrachtungen festzuhalten, daß - von später noch zu untersuchen-

den Sonderfällen abgesehen - die Invariante der Übersetzung mit der Bedeutungs- oder Inhaltsseite der Sprache und über diese wiederum mit der "Welt", d.h. mit außersprachlich gegebenen Dingen und Sachverhalten verknüpft ist. Alle Einwände, die gegenüber der Möglichkeit der Übersetzung überhaupt gemacht worden sind, hängen daher eng mit Fragen der Untersuchung der sprachlichen Bedeutung oder der durch sie abgebildeten situationellen und kulturellen Muster zusammen. Man stößt in der Literatur häufig auf drei klassische Einwände:

(i) Unmöglichkeit der direkten Beobachtung von Bedeutung (meaning) bzw. Unmöglichkeit, intersubjektiv verifizierbare Kriterien für die Bestimmung der Bedeutung anzugeben.

(ii) Fundamentale Verschiedenheit der semantischen Strukturen der Einzelsprachen und die daraus resultierende Unmöglichkeit der Existenz genauer inhaltlicher Äquivalente zwischen zwei Sprachen.

(iii) Ungleichheit der sozial-kulturellen Milieus, innerhalb derer die jeweiligen Sprachen als Kommunikationsmittel dienen.

1.1. Schwierigkeiten bei der Beobachtung der Bedeutung

Der in (i) vorgebrachte Einwand braucht hier nicht ausführlich diskutiert zu werden, es sei jedoch daran erinnert, daß er nicht nur gegen die Möglichkeit der Herstellung und Beurteilung von Übersetzungen vorgebracht werden kann, sondern auch gegen die Möglichkeit der wissenschaftlichen Beschäftigung mit der sprachlichen Bedeutung. Erinnern wir in diesem Zusammenhang an die Rolle des "meaning" innerhalb der nordamerikanischen Sprachwissenschaft, zunächst bei Bloomfield, später bei den sogenannten Distributionalisten um Zellig S. Harris. (vgl. Literaturhinweise) Etwas vereinfachend kann man sagen, daß die nordamerikanischen Linguisten (soweit sie auf behavioristischer Grundlage arbeiteten) lange Zeit bemüht waren, bei der wissenschaftlichen Untersuchung der Sprache so weit als irgend möglich vom Phänomen "meaning" abzusehen.

1.1.1. Ist es schon außerordentlich schwierig, bei der Beschreibung einer einzelnen Sprache darauf zu verzichten, semantische Kriterien mit heranzuziehen (die Kritiker der Behavioristen haben mit Recht darauf hingewiesen, daß semantische Kriterien oft als uneingestandene Kategorien in den Arbeiten auch der strengen Distributionalisten erscheinen), so ist es schlechterdings unmöglich, dieselbe Enthaltsamkeit auf dem Gebiet der Übersetzung oder der Übersetzungskritik zu üben.

1.1.2. Die Bedeutung wird von den Behavioristen auf das reduziert, was an ihr direkt beobachtbar ist, d.h. auf die S i t u a t i o n, in der ein Sprecher die Einheit, von der man annimmt, daß sie eine Bedeutung hat, verwendet und auf die Reaktion, die der Hörer darauf zeigt. Vorausgesetzt, man einigt sich vorläufig darüber, daß man in der "Bedeutung" die Invariante der Übersetzung zu sehen hat, so wird sowohl die theoretisch abgesicherte Anfertigung einer Übersetzung als auch die Beurteilung ihrer Korrektheit zu einer nahezu unlösbaren Aufgabe, wenn man dabei wirklich konsequent auf alle "mentalistischen" Hilfsmittel verzichtet, wie die Behavioristen gefordert haben, d.h. wenn man keinerlei Introspektion zuläßt. Die einzige Möglichkeit, unter diesen Voraussetzungen die inhaltliche Äquivalenz zweier verschiedensprachiger Äußerungen festzustellen, sind Tests, bei denen die möglichen Ausgangssituationen, die die betreffenden Äußerungen stimulieren können, sowie die möglichen Reaktionen eventueller Hörer systematisch miteinander verglichen werden. Die dabei auftretenden Fehlerquellen sind so groß, daß ein solches Verfahren auf den ersten Blick als völlig unsinnig erscheinen mag; immerhin besitzt es eine gewisse praktische Bedeutung bei der "radical translation" (Quine), d.h. der Übersetzung aus einer bislang völlig unbekannten Sprache, für die "native speaker" als Informanten zur Verfügung stehen.

1.2. Unterschiedliche semantische Strukturen der Sprachen

Der in (ii) formulierte Einwand ist im Gegensatz zu (i) weniger wissenschaftstheoretischer als spezifisch linguistischer Natur. Wir dürfen in diesem Zusammenhang die strengen Vorbehalte der Behavioristen hinsichtlich der Beobachtbarkeit der Bedeutung hintanstellen; auch wenn wir einen "mentalistischen" Zugang zur Bedeutung zulassen, treten bei der Übersetzung Schwierigkeiten auf, die auf den ersten Blick unüberwindlich scheinen. Es gibt eine naive, auch heute noch trotz jahrhundertelanger aufklärerischer Bemühungen von Sprachwissenschaftlern und Philosophen weit verbreitete Auffassung, nach der verschiedene Sprachen nichts anderes als verschiedene Nomenklaturen für dieselbe Wirklichkeit sind; Ausnahmen werden dabei nur für die unter 1.3. zu behandelnden Fälle und für besonders deutlich sich manifestierende "pathologische" Erscheinungen wie "Polysemie" und "Homophonie" angenommen. Eine nur oberflächliche Überprüfung dieser These auf dem Gebiet des Wortschatzes, wo das Problem in einer besonders evidenten Weise auftritt, zeigt, daß sie nicht zu halten ist: selbst die schlechtesten unter den zweisprachigen Lexika geben, von wenigen Fällen abgesehen, nicht ein, sondern mehrere Äquivalente eines Wortes der AS in der ZS an. Erste praktische Erfahrungen mit der bilingualen Übersetzung lehren schnell, daß keines der angegebenen Äquivalente in allen jenen Fällen verwendbar ist, wo das Wort der AS verwendet werden kann. Es ist in diesem Zusammenhang nicht besonders glücklich, global von "Mehrdeutigkeit" zu sprechen (wie es die Logiker häufig für ihre Zwecke tun). Sprechen wir lieber davon, daß sich die Wörter verschiedener Sprachen inhaltlich nie voll decken (wer eine solche intensionale (vgl. 3.2.) Betrachtungsweise ablehnt, kann auch sagen: "nie denselben Anwendungsbereich haben"), d.h., daß die Unterscheidungen, die zur Bewältigung des Kontinuums "Wirklichkeit" getroffen werden, in verschiedenen Sprachen nicht an derselben Stelle liegen. Zur Demonstration dieser Erkenntnis eignet sich besonders gut das klassische Beispiel von Hjelmslev:

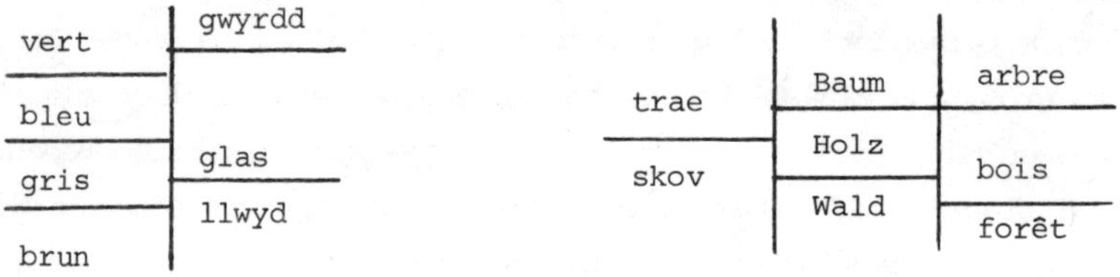

Fig. 1 - 1 (nach Hjelmslev, Prolégomènes, S.71 und 72)

Vom Standpunkt eines französischen Sprechers aus gesehen mag das walisische Wort 'glas' mehrdeutig erscheinen, da es, je nach konkretem Verwendungsfall durch 'vert', 'bleu' oder 'gris' wiederzugeben wäre (hüten wir uns in diesem Zusammenhang vor der irreführenden Formulierung "x b e d e u t e t in diesem Kontext y!"), einem walisischen Sprecher wird dagegen die Behauptung der Mehrdeutigkeit nicht recht einleuchten - genau so wenig wie dem Franzosen im Fall von 'gris', das im Walisischen als 'glas' oder 'llwyd' erscheinen kann. Entsprechendes gilt für das rechts stehende dänisch-deutsch-französische Schema.

1.2.1. Diese auf dem Gebiet des Lexikons besonders auffällige Erscheinung findet sich entsprechend bei allen anderen inhaltlichen Kategorien der Sprachen. So werden hinsichtlich des grammatischen Geschlechts im nominalen (nicht pronominalen) Bereich im Englischen ein, im Französischen zwei, im Deutschen drei Genera unterschieden - wenn diese Erscheinung kaum im Zusammenhang mit den obenstehenden Beispielen von Hjelmslev angeführt wird, so liegt das daran, daß das Genus in den modernen europäischen Sprachen kaum als semantische Kategorie empfunden wird. Eindeutiger sind die Verhältnisse auf dem Gebiet der Tempora: Es genügt ein vergleichender Blick in die klassischen Paradigmata einer beliebigen deutschen und französischen Schulgrammatik um sich darüber klar zu werden, daß beide Sprachen ziemlich unterschiedliche Tempussysteme haben und daß man somit vernünftigerweise von vorneherein nicht erwarten darf, genaue Äquivalente zu finden (z.B.: présent = Präsens). Problematisiert werden dergleichen inhaltliche Inkongruenzen allerdings meistens nur in den Fällen, wo sie besonders klar zutage treten, etwa bei den frz. Vergangenheitstempora *imparfait* und *passé simple*, die zwar vom Französischen aus gesehen nicht in direkter Opposition stehen, auf dem Gebiet der Bezeichnung (vgl. 3.2.) jedoch häufig einem einzigen Tempus der deutschen Literatursprache, dem *Präteritum* gegenüberstehen. (Damit soll keineswegs behauptet werden, das deutsche Präteritum entspreche genau dem im Französischen unter *passé simple* und *imparfait* aufgeteilten Bereich, sei also logisch betrachtet eine Art von Generalisierung der beiden Termini.)

1.2.2. Die Erkenntnis vom unterschiedlichen semantischen Aufbau der Einzelsprachen hat zu einigen extremen Hypothesen auf dem Gebiet der Sprachphilosophie geführt, die vor allem mit den Namen Humboldt, Sapir, Whorf und Weisgerber verknüpft sind und auf die wir hier nur kurz hinzuweisen haben. Sprachen, so lassen sich die Ansichten der Anhänger des sogenannten linguistischen Relativismus' etwas vereinfachend paraphrasieren, sind keineswegs nur Kommunikationsvehikel zur Mitteilung einer von allen Menschen in gleicher Weise erkannten und analysierten Wirklichkeit, sondern erkenntnistheoretische Instrumente, die dem Sprachbenutzer immer schon eine bestimmte Sicht und Interpretation der Realität wenn nicht aufzwingen, so doch zwingend nahelegen. Dergleichen Ansichten werden heute besonders von den Anhängern der generativen Grammatik energisch bekämpft. Wir brauchen auf diese Streitfragen hier nicht weiter einzugehen; unbestritten bleibt, daß die Einzelsprachen zumindest an der "Oberfläche" semantisch ziemlich unterschiedlich strukturiert sind und die Übersetzung bei extrem strengen Forderungen, die an sie gestellt werden können, aufgrund dieser Tatsache unmöglich wird, praktisch gesehen in jedem Fall sehr erschwert wird. Abschließend sei in diesem Zusammenhang erwähnt, daß die Position Benjamin Lee Whorfs weit radikaler ist, als etwa diejenige Humboldts, auf den sich auch die "Universalisten" berufen können.

1.2.3. Inwiefern stellt nun eigentlich der in (ii) formulierte Einwand die Möglichkeit jeder Übersetzung in Frage? Wir wollen uns hier nicht auf eine detaillierte Behandlung dieses Problems einlassen, da wir sonst einen großen Teil des dritten Kapitels vorwegnehmen müßten; beim gegenwärtigen Stand der Diskussion genügt eine Demonstration des Problems anhand eines einfachen Beispiels:

je suis allée	+	Geschlecht des Sprechers	-	Ich bin zum
à la gare				Bahnhof gefahren
pour chercher	-	Art der Fortbewegung	+	um meine Geschwister
mon frère et ma soeur	+	Genaue Anzahl der übrigen Kinder der Eltern des Sprechers	-	abzuholen

Wenn wir uns zunächst darauf einigen können, daß die beiden Sätze akzeptable Äquivalente darstellen, ohne uns darauf festzulegen, welche der beiden Äußerungen als AS-Text und welche als ZS-Text angesehen werden soll, so ergibt bereits eine grobe Überprüfung, wie wir sie in unserem kleinen Schema vorgenommen haben, daß die übermittelte Information keineswegs identisch ist. (Auf eine Überprüfung des Verhältnisses von 'abholen' und 'chercher' sowie der beiden Tempora wollen wir verzichten, sie würde unser Schema unnötig komplizieren). Auch eine Übersetzungskritik hilft uns nicht weiter: Wer etwa einwenden wollte, das deutsche 'fahren' müsse "richtig" mit 'aller en voiture' wiedergegeben werden, steht vor einer neuen Schwierigkeit: Eine so genaue Information über die Wahl des Fortbewegungsmittels enthält der deutsche Satz wiederum nicht. Ähnliche Schwierigkeiten entstehen bei fast allen Übersetzungssätzen, sie lassen sich nur nicht in jedem Fall mit so simplen Mitteln schematisch darstellen. Mit Hilfe einer rigorosen Inhaltsanalyse wird es uns fast immer gelingen, die Exaktheit einer Übersetzung zu bezweifeln; Ausnahmen sind möglicherweise Kopulasätze, die einen Eigennamen als Prädikator enthalten: z.B. Paris ist Paris. (vgl. Roy Harris, Literaturhinweise) Sehr viel schwerer würde es uns hingegen fallen, eine Behauptung der folgenden Art zurückzuweisen: "In einem entsprechenden *Kontext* bzw. in einer entsprechenden *Sprechsituation* (vgl.2.4.2.) haben die beiden Äußerungen denselben Sinn". Eine solche Aussage als Rechtfertigung für die Korrektheit einer Übersetzung akzeptieren heißt, auf rigorose Äquivalenzforderungen in inhaltlicher Hinsicht zu verzichten und von vorneherein einzuräumen, daß es bei der Übersetzung darum geht, mit nicht äquivalenten Mitteln möglichst weitgehend äquivalente Sachverhalte aufzubauen, daß sich daher Übersetzungskritik am optimal Erreichbaren, nicht an der nur theoretisch postulierbaren inhaltlichen Äquivalenz auszurichten habe.

1.2.3.1. Die oben gemachten Beobachtungen geben Anlaß zu folgenden Überlegungen: (a) Möglichkeit bzw. Unmöglichkeit der Übersetzung im Zusammenhang mit dem in (ii) geäußerten Einwand hängen davon ab, was als Invariante für die Übersetzung angenommen wird. Diese Frage wird uns noch in den folgenden Kapiteln beschäftigen. Eine genaue Übersetzung in inhaltlicher Hinsicht zumindest in dem Sinne, daß nichts von der im AS-Text enthaltenen Information fehlt, wird z.B. dann möglich, wenn eine bisher stillschweigend aufrechterhaltene Forderung an die Übersetzung aufgegeben wird, die besagt, daß Übersetzungen denselben Grad an "Natürlichkeit" bzw. "Situationsgemäßheit" haben müssen wie das Original. Wir können z.B. auf Französisch ganz genau erklären, was das deutsche Wort "eigentlich" bedeutet, nur hat diese Erklärung dann nicht den Charakter dessen, was man gewöhnlich als Übersetzung zu akzeptieren geneigt ist, sondern den einer sprachlichen Erklärung, die in der Regel mehr Information als der AS-Text bietet. Unter diesem Gesichtspunkt betrachtet kann man ohne Zweifel in allen Sprachen alles ausdrücken, und Roman Jakobson hat sicherlich recht, wenn er in diesem Zusammenhang bemerkt, daß sich die Sprachen weniger darin unterscheiden, was sie ausdrücken k ö n n e n als in dem, was sie ausdrücken m ü s s e n .

1.3. Kulturelle Verschiedenheiten

Der in (iii) formulierte Einwand ist weder wissenschaftstheoretischer noch spezifisch linguistischer Natur; allein die Tatsache, daß wir uns mit ihm auseinandersetzen müssen, zeigt, daß die Probleme der Übersetzung in jedem Fall nicht ausschließlich auf dem Arbeitsgebiet der Linguistik liegen. Der Einwand besagt, daß nicht die beim Übersetzungsvorgang beteiligten Sprachen allein inkommensurabel sind, sondern auch die Gegenstände und Sachverhalte, über die normalerweise in ihnen gesprochen wird. (In gewisser Hinsicht eine zumindest partielle Zustimmung zur These des linguistischen Relativismus'. vgl. 1.2.2.) Eine ganze Reihe von außersprachlich gegebenen Phänomenen machen bei der Übersetzung Schwierigkeiten, weil sie den Mitgliedern der Sprachgemeinschaft, denen die ZS als Kommunikationsmittel dient, völlig unbekannt oder wenigstens in einer spezifischen Form unbekannt sind (non existence of the referent in the RL; Nida) Dazu können u. a. gehören:

a) Natürliche Gegenstände:	Geest, garrigue
b) Vom Menschen geschaffene Gegenstände :	Pumpernikel, ratatouille
c) Soziale Institutionen :	Kreisstadt, Kehrwoche, agrégation, vin d'honneur
d) Bezeichnungen für Verhaltensweisen, Erfahrungs- und Denkkategorien :	Schadenfreude, gemütlich, esprit, laïque
e) Traditionell-kollektive Einstellung zu Dingen :	*dumm* wie ein Kamel *méchant* (d'humeur difficile) comme un chameau

Die hier angedeuteten und anhand von nicht besonders glücklichen Beispielen illustrierten Schwierigkeiten werden natürlich umso größer, je unterschiedlicher die Zivilisationskreise sind, denen die beiden am Übersetzungsvorgang beteiligten Sprachen angehören. Unter den modernen europäischen Sprachen sind sie so gering, daß es schwer fällt, überzeugende Beispiele zu finden; den umfangreichsten Überblick über Probleme dieser Art bieten die Arbeiten von Nida, der sich auf einen großen Schatz von praktischen Erfahrungen stützen kann, die bei der Übersetzung der Bibel in die entlegensten Sprachen gewonnen wurden. (vgl. Literaturhinweise)

1.3.1. Die Entscheidung, ob man es hier wirklich mit außersprachlich bedingten oder letzten Endes doch mit innersprachlichen Verschiedenheiten zu tun habe, wird besonders bei den unter d) aufgeführten Fällen sehr problematisch: je nach dem sprachphilosophischen Standpunkt, den man bezieht, kann man natürlich behaupten, 'Gemütlichkeit' als außersprachlich gegebenes Phänomen sei in Frankreich gewöhnlich schlechterdings nicht anzutreffen und könne daher auch nicht verbalisiert werden, oder man kann das Problem als ein rein semantisches auffassen und nur zugeben, daß es im Französischen kein sprachliches Zeichen gibt, das die gleiche Kombination inhaltlicher Züge wie das deutsche 'gemütlich' aufweist. (vgl. 1.2.ff)

1.3.2. Gleichgültig welchen theoretischen Standpunkt man in dieser Frage einnimmt, man wird zugeben müssen, daß sie eine Menge von praktischen Problemen aufwirft. Probleme dieser Art werden daher auch in der praktischen Übersetzungsliteratur oft diskutiert und Zeitschriften wie "Lebende Sprachen", "Idioma" u.a. bringen laufend Listen neuer Ausdrücke, die aus irgendeinem Grund für eine bestimmte Sprachgemeinschaft charakteristisch sind, mit Übersetzungsvorschlägen. Es gibt außerdem einige klassische Aushilfen, mit denen Übersetzer seit je versucht haben, mit dergleichen Schwierigkeiten fertig zu werden: E n t l e h n u n g und L e h n ü b e r s e t z u n g (calque). Bei der lexikalischen Entlehnung unterscheidet man gewöhnlich nach teils diachronischen, teils phonologischen Kriterien zwischen L e h n w o r t und F r e m d w o r t : ersteres ist in seiner Lautgestalt den phonologischen Gegebenheiten der Empfängersprache weitgehend angepaßt und gehört seit längerer Zeit zum gebräuchlichen Wortschatz der betreffenden Sprachen (*Wein* < lat. *vinum*), letzteres ist in lautlicher Hinsicht mehr oder weniger klar als Fremdkörper zu erkennen und kommt erst seit verhältnismäßig kurzer Zeit in Texten der Empfängersprache vor, bzw. erscheint als "Verlegenheitslösung" spontan in einer bestimmten Übersetzung (*concierge*). Bei den Lehnübersetzungen unterscheidet man ebenfalls zwei Fälle: Die "Übersetzung" eines morphologisch analysierbaren Gebildes auf Morphemebene (*Kindergarten* → *jardin d'enfants; ex-position* → *Aus-stellung*) einerseits; die Verwendung eines Wortes der ZS, das nur in einigen inhaltlichen Zügen einem anderen Wort der AS entspricht, in einer in der ZS bisher ungebräuchlichen Weise: *Geschmack* konnte im Deutschen ursprünglich ausschließlich 'Qualität von Speisen und Getränken' und metonymisch 'Urteilsvermögen in Fragen der Qualität von Speisen und Getränken' bedeuten. Unter frz. Einfluß wird das Wort vom 18.Jh. an zunehmend auch zur Bezeichnung von 'Urteilsvermögen in ästhetischen Fragen' verwendet.

1.3.3. Im Anschluß an die in 1.2.3. angestellten Überlegungen können wir den in (iii) geäußerten Einwand als irrelevant für die linguistischen Probleme der Übersetzung zurückweisen, da er nicht das Problem der Vergleichbarkeit von Sprachen, sondern unsere notwendigerweise unvollkommene Kenntnis der Welt betrifft. Alle Kommunikationsprobleme, die auf mangelnder Vorinformation des Empfängers beruhen, ließen sich sonst als "Übersetzungsprobleme" auffassen. Es muß allerdings betont werden, daß die in 1.3.ff behandelten Fragen in praktischer Hinsicht ein unter Umständen schwieriges Übersetzungsproblem darstellen können.

1.4. Sonderfälle

Wirklich unüberwindlich in theoretischer Hinsicht werden die Schwierigkeiten, wenn als Invariante der Übersetzung nicht nur Inhaltliches im weitesten Sinne gewählt wird, sondern darüber hinaus einige im Hinblick auf eine bestimmte Ausdrucksabsicht relevante Aspekte der sprachlichen Form in der ZS gewahrt bleiben sollen (Satzrhythmus, Reim, Versmaß, gewisse Lautkombinationen etc.) Wir werden ähnlichen Fragen im vorliegenden Heft kaum Beachtung schenken können; sie betreffen in erster Linie das Sonderproblem der literarischen oder poetischen Übersetzung. Ebensowenig lassen sich natürlich metasprachliche Äußerungen übersetzen, die die Objektsprache selbst zum Gegenstand haben; einen Satz wie: "L'articulation des verbes *happer* et *lapper* reproduit grosso modo les actions mêmes qu'ils désignent" (Bally) kann man im strengen Sinn nicht übersetzen; in praktischer Hinsicht bereitet die Übersetzung jedoch nicht die geringsten Schwierigkeiten, weil der Z w e c k der Übersetzung im vorliegenden Fall das zu wählende Verfahren klar vorschreibt (vgl. 2.3.2.): "Bei der Aussprache der Verben *happer* ('aufschnappen, erhaschen') und *lapper* ('schlabbern, auflecken') werden im großen und ganzen die Bewegungen ausgeführt, die die Verben bezeichnen". Genau dasselbe Verfahren hat auch der italienische Übersetzer Ballys gewählt: L'articolazione dei verbi *happer* ('azzanare') e *lapper* ('lappare') riproduce grosso modo le azioni stesse che designa."

1.5. Literaturhinweise

Zu 1.1.
Bloomfield, Language, S.139-151 (9.1. - 9.8.)
Z. Harris, Linguistics, S.5-6 (The criterion of relevance: distribution.
Quine, Translation, S.460-463 (Stimulus meaning)
Mounin, Problèmes, chap. III,ii, S.27-30
Mounin, Geschichte, S.70-73 (Leonard Bloomfield)
R. Harris, Propositions, in toto (11 Seiten); speziell Thesen (2) und (4) in 1. (Nur für theoretisch besonders interessierte Leser)

Zu 1.2.
Saussure, CLG, 2e partie, chap. II, §2, S.158-162
Martinet, Eléments, chap. 1-5 und 1-6, S.10-12
Hjelmslev, Prolégomènes, S.71-73 (On voit...substance)
Mounin, Problèmes, chap. III,i, S.21-27
Mounin, Geschichte, S.64-70 (Saussure, Hjelmslev)
Catford, Theory, chap. 5, S.35-42
Speziell zu 1.2.2. (für sprachphilosophisch Interessierte):
Whorf, Sprache, insbesondere Kap. I,II,IV,VIII

Zu 1.3.
Coseriu, Bed.u.Bez., Abschn. 4.6.1., S.120
Nida, Ethnology, in toto (15 Seiten)
Nida, Bible Translating, S.29-31 (Relationship of linguistic form to semantic function)
Sauvageot, Portrait, S.266-279 (vocabulaire et civilisation)
Speziell zu 1.3.2.:
Ullmann, Précis, vgl. Index: calques sémantiques, calques de traduction
Kronasser, Handbuch, § 103, S.143-144
Sauvageot, Portrait, S.221-238 (le vocabulaire d'emprunt)

Zu 1.4.
Coseriu, Bed. u. Bez., Abschn. 4.6.2., S.120-121
Zu Objektsprache-Metasprache bzw. materiale vs. formale Supposition:
Menne, Logik, S.18-22 (Unter Supposition...werden können)
Savigny, Grundkurs, S.12-22

1.6. Übungen

1 - 1 Sie wollen herausfinden, wie der Apfel in einer Ihnen völlig unbekannten Sprache bezeichnet wird und haben einen Informanten zur Vergügung. Sie deuten mit fragender Mimik auf den Apfel und erhalten eine verbale Reaktion. Können Sie einigermaßen sicher sein, Ihr Ziel erreicht zu haben? Gehen Sie von der Annahme aus, daß Ihr Informant Ihre Mimik im Hinblick auf Ihre allgemeine Frageabsicht richtig interpretiert.

1 - 2 Ausgangssituation: Zwei Personen befinden sich in einem Zimmer bei geöffneter Tür, es herrscht ein Luftzug. Ein Deutscher sagt: "Es zieht!"

Ein Franzose: "Ferme la porte!" Die Reaktionen der jeweiligen Empfänger der Botschaft sind identisch: sie schließen die Tür. Welcher der folgenden Kommentare dieses Vorgangs entspricht Ihrer Meinung nach am ehesten den Tatsachen:

a) Die identischen Reaktionen lassen sich nur aus der Situation erklären, die sprachlichen Äußerungen sind irrelevant.

b) Die beiden sprachlichen Äußerungen sind offensichtlich gleichbedeutend.

c) Die beiden Äußerungen müssen in einer gewissen Hinsicht vergleichbar sein, man kann das tertium comparationis eines möglichen Vergleichs aber nicht einfach mit ihrer Bedeutung identifizieren.

1 - 3 Übersetzen Sie folgende Sätze ins Franz. bzw. Deutsche:

a) Ich *bedaure,* daß Sie so viel zu tun haben.
Ich *bedaure* Sie, Sie haben wirklich sehr viel zu tun!

b) Sie *hat* Kinder.
Sie *bekommt* ein Kind.
Sie *bekam* Angst.
Sie *bekam* ein schönes Geschenk.

c) Ich war gestern *bei* ihm.
Versailles liegt *bei* Paris.
Die Linguistik ist *bei* den Studenten nicht beliebt.
Bei diesen Worten stand er auf.
Bei seiner Faulheit ist alles möglich.
Bei allem Verständnis, aber das geht zu weit!
Er nahm ihn *bei* der Hand.

d) *Donne*-moi ce livre!
Ce livre te plait? Je te le *donne!*

Übersetzen Sie möglichst "wörtlich" (ohne Rücksicht auf Idiomatik). Konzentrieren Sie sich auf die kursiven Wörter. Was stellen Sie fest?

1 - 4 a) Schlagen Sie die jeweiligen Äquivalente für die in 1.3. angegebenen Beispiele in einem zweisprachigen Wörterbuch nach. Welche Beobachtung a l l g e m e i n e r Art läßt sich dabei machen?

b) Schlagen Sie im deutsch-frz. Teil von Weis-Mattutat das Wort *gemütlich* nach. Nehmen Sie die ersten drei der angegebenen Entsprechungen und schlagen Sie diese wiederum im franz.-deutschen Teil nach. Was stellen Sie fest und wie erklären Sie Ihre Feststellung?

1 - 5 Die folgenden Wörter stammen aus dem Französischen bzw. sind in ihrer Bildungsweise oder Bedeutung vom französischen Sprachgebrauch beeinflußt. Klassifizieren Sie sie nach den in 1.3.2. angegebenen Kategorien Lehnwort, Fremdwort, Lehnübersetzung$_1$, Lehnübersetzung$_2$:
Teint, unterhalten, Pöbel, Schanze, Appartement, Taille, abhängen (von), Schöngeist.

2. WAS IST ÜBERSETZUNG?

Konfrontieren wir unsere vorläufige Definition in 1. mit einigen weiteren Definitionsversuchen: Die Übersetzung ist:

> "ein Vorgang, bei dem ein Inhalt (Nachricht, Botschaft) von einer Sprache in die andere übertragen wird" (i) (vgl. 1.);
> "der Versuch, sprachlich ausgedrückte Sach- und Sinnverhalte möglichst getreu in einer anderen Sprache mit Hilfe der ihr zur Verfügung stehenden sprachlichen Mittel wiederzugeben" (ii) (Der Große Herder);
> "the replacement of textual material in one language (SL) by equivalent textual material in another language (iii) (Catford);
> "the transference of the content of a text from one language into another" (iv) (Forster);
> "...heißt, in der Empfängersprache das beste natürlichste (sic) Gegenstück zur Ausgangsbotschaft zu schaffen, erstens was den Sinn und zweitens was den Stil anbelangt (v) (Nida/Taber);
> "die Substitution einer Zeichenfolge Zi der Sprache L_1 durch eine Zeichenfolge zi der Sprache L_2 unter der Bedingung, daß zi Zi funktionell äquivalent sei" (vi) (Jäger);
> "der Übergang von einem Terminus zu einem anderslautenden, aber gleichbedeutenden Wort oder Zeichen" (vii) (Kamlah).

Wir wollen uns keineswegs damit aufhalten, diese mehr oder weniger zufällig aufgegriffenen Definitionsversuche so zu analysieren und unzubauen, daß sie strenge logischen Anforderungen genügen, sondern uns darauf beschränken, mit Hilfe einiger recht allgemeiner Überlegungen unsere Kenntnisse über den hier zu untersuchenden Gegenstand zu erweitern.

2.1. Einige Definitionsversuche

Die oben angeführten definitionsähnlichen Sätze sind keine exakten Zitate, wir haben sie bereits so umgeformt, daß sie wenigstens den gröbsten Forderungen genügen, die wir für unsere Zwecke an sie zu stellen haben; daß nämlich die Äquivalenzbeziehung zwischen Definiendum und Definiens einigermaßen klar zum Ausdruck kommt und daß sich das Definiens nach dem Schema der klassischen Logik hinsichtlich "genus proximum" und "differentia specifica" weiter analysieren läßt (strengere Forderungen wie Eliminierbarkeit und Nicht-Kreativität, die an Definitionen innerhalb eines axiomatischen Systems zu stellen sind, wollen wir außer Acht lassen). Sehen wir uns unter diesem Gesichtspunkt die Sätze (i-vii) etwas genauer an: Als "genus proximum" erscheinen überall Ausdrücke wie "Vorgang", "Prozess", "Operation", wobei (ii) beinhaltet, daß die Möglichkeit der Existenz des Definiendums bezweifelt wird. Für unsere Zwecke genügt es, uns einen Überblick über die in den einzelnen Worterklärungen aufgeführten näheren Bestimmungen dieses "Vorgangs" zu machen, die wir in Anlehnung an das Definitionsschema der klassischen Logik als eine ganze Reihe von "differentiae specificae" auffassen wollen; denn es kommt in diesem Zusammenhang nicht auf die eine, zur Identifikation des Definiendums notwendige Bestimmung an, sondern auf "erklärende" Zusätze.

2.1.1. Unser Vorgang oder Prozess wird zunächst als "Übergang" (i, iv, vii), bzw. "Wiedergabe", "Abbildung" (ii) oder "Ersetzung" (iii, v, vi) näher bestimmt, Ausdrücke, als deren kleinsten inhaltlichen Nenner wir "Äquivalenz" im aussagenlogischen Sinn annehmen wollen. (Die unterschiedliche Wortwahl deutet auf verschiedenartige Konzeption des Übersetzungs p r o z e s s e s ; die Äquivalenzforderung wird entweder als eine Art von Konstruktionsaufgabe oder als Zuordnung bereits vorhandener Elemente aufgefaßt - diese Unterschiede brauchen uns hier nicht zu interessieren).

2.1.2. Uns hat zu interessieren, in welcher Hinsicht Äquivalenz gefordert wird (denn totale Äquivalenz liefe wohl auf den logisch sehr schwierigen Begriff der Identität hinaus), und diese Frage führt uns wieder auf das Invarianzproblem (vgl. 1.). (iii) scheidet hier bereits aus, da keine nähere Spezifikation angegeben wird. In (vi) wird präzisiert, daß die Äquivalenz "funktionell" zu sein habe. Ansonsten wird Äquivalenz hinsichtlich Inhalt, Nachricht, Botschaft, Sach- und Sinnverhalt sowie "Sinn und Stil" gefordert, wobei wir (v) in dem Sinn interpretieren wollen, daß zwei dem Rang nach geordnete Invarianzforderungen vorliegen. Wir werden in 2.3. auf alle diese Ausdrücke zurückkommen.

2.1.3. Schließlich haben wir uns hier noch mit eventuell angegebenen zusätzlichen Bedingungen (Modalitäten) auseinanderzusetzen. Überall außer in (vii) wird angegeben, daß an dem wie immer gearteten Übersetzungsprozess zwei verschiedene Sprachen beteiligt sein müssen; wir haben (vii) ausdrücklich in unsere Sammlung aufgenommen, um darauf hinzuweisen, daß auch innerhalb ein und derselben Sprache Operationen vorgenommen werden können, die man "Übersetzung" nennen kann und auch nennt, jedoch würde uns die Weiterverfolgung dieses Hinweises zu weit führen. Eine weitere Modalität läßt sich zur Not aus allen Definitionsversuchen deduzieren, kommt aber in der besonders vorsichtigen und "skeptischen" Definition (iii) am klarsten zum Ausdruck: Bei der Übersetzung werden nicht Elemente von Sprachen ersetzt oder wiedergegeben sondern konkrete Fälle von *Verwendung* (Texte) solcher Elemente. Dieser Gesichtspunkt wird uns noch in 2.4. beschäftigen.

2.2. Modelle des Übersetzungsprozesses

Besser als anhand von Definitionen, die zu einem anderen Zweck aufgestellt werden, gewinnt man mit Hilfe von Modellen Einblick in einen zu untersuchenden Gegenstandsbereich. Gemessen am Umfang der vorhandenen Übersetzungsliteratur sind diejenigen Arbeiten ziemlich selten, die versuchen, ein schematisches Modell des Übersetzungsprozesses zu entwerfen. Beginnen wir mit einem einfachen, für unsere Zwecke etwas modifizierten Beispiel:

2.2.1.

>>>— SV — TAS — SV' — TZS — SV'' —>

Fig. 2 - 1
(Nach Malblanc, Stylistique, S.18; modifiziert)

Dieses scheinbar so einfache Modell wirft eine ganze Reihe von Problemen auf: Ausgegangen wird von einem Sachverhalt (SV), der in einem Text der AS kodiert (TAS), vom Übersetzer verstanden wird (SV'), und nun in einen Text der ZS (TZS) umkodiert wird, worauf er von Kennern der ZS neuerlich verstanden werden kann (SV''). (Gegen die Verwendung der modischen Ausdrücke "*Kode*, *kodieren*" etc. im Zusammenhang mit natürlichen Sprachen ist mit Recht vielerorts Einspruch erhoben worden; wir wollen sie - im vollen Bewußtsein partieller Unangemessenheit - weiterverwenden, da wir hier den Übersetzungsprozess im Zusammenhang mit allgemeinen Kommunikationsmodellen untersuchen wollen). Dem Modell 2 - 1 liegt eine "konstruktivistische" Konzeption der Übersetzung zugrunde, da das, was wir als einzigen Hinweis auf die Invarianzforderung des Autors ansehen müssen - hier als SV erscheinend - nicht als gemeinsamer Bezugspunkt der beiden verschiedenen Texte erscheint, also etwa folgendermaßen:

<— TAS — SV — TZS —>

Fig. 2 - 2

sondern als Konstrukt des Übersetzers bzw. des Lesers der Übersetzung. In der

Tat scheint Schema 2 - 2 etwas anderes darzustellen als das, was man gemeinhin unter Übersetzung versteht, nämlich die doppelte Kodierung derselben Nachricht mit Hilfe zweier unterschiedlicher Kodes. Nun sollte man annehmen, daß dabei hinsichtlich des zwischen TAS und TZS bestehenden Verhältnisses keine Unterschiede auftreten dürfen. Das ist jedoch in praktischer und theoretischer Hinsicht nicht der Fall. Eine ausführliche Begründung dieser Ansicht, die vor allem von Catford am klarsten vertreten wird, können wir hier nicht liefern; dazu müßte der gesamte Komplex "Sprache-Denken-Wirklichkeit" einerseits und das in der Logik noch sehr umstrittene Identitätsproblem andererseits aufgerollt werden, wovor wir uns hüten wollen. Wir müssen uns auf die etwas vage Behauptung zurückziehen, daß kaum eine Äußerung in einer natürlichen Sprache einen Sachverhalt so explizit und eindeutig beschreibt, daß "Identität" hinsichtlich des vom Sprecher "Gemeinten" und des vom Hörer "Verstandenen" angenommen werden kann. Das gilt in theoretischer Hinsicht sowohl für die einsprachige wie für die zweisprachige Kommunikation, hat aber für die letztere leichter aufzudeckende praktische Konsequenzen. Eine indirekte Demonstration dessen, was wir mit dieser Behauptung meinen, keinen "Beweis" im strengen Sinn, kann man liefern, wenn man zeigt, daß das Verhältnis zwischen zwei Übersetzungen unterschiedlich ausfallen wird, je nachdem ob beide Übersetzungen eines Textes aus einer dritten Sprache sind, oder ob die eine Übersetzung der anderen ist, die ihrerseits wieder Übersetzung aus der dritten Sprache ist.

2.2.2. Bisher haben wir unser Versprechen, die Übersetzung im Zusammenhang mit der allgemeinen Kommunikationssituation zu betrachten, nur recht vage eingelöst, unserem Schema fehlen gerade die Faktoren, die bei der Kommunikation eine wichtige Rolle spielen. Beginnen wir mit einem schlichten Modell:

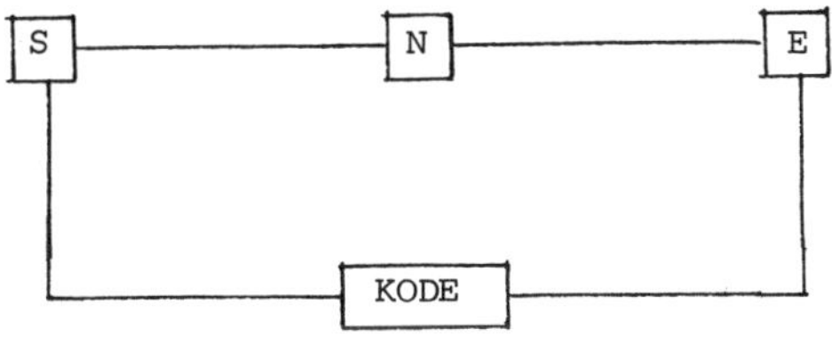

S = Sender
N = Nachricht
E = Empfänger

Fig. 2 - 3
(Nach Linguistik I, S.27, modifiziert)

Eine Übersetzung läßt sich analog zu diesem Schema als Spezialfall der Kommunikation darstellen, z.B. folgendermaßen:

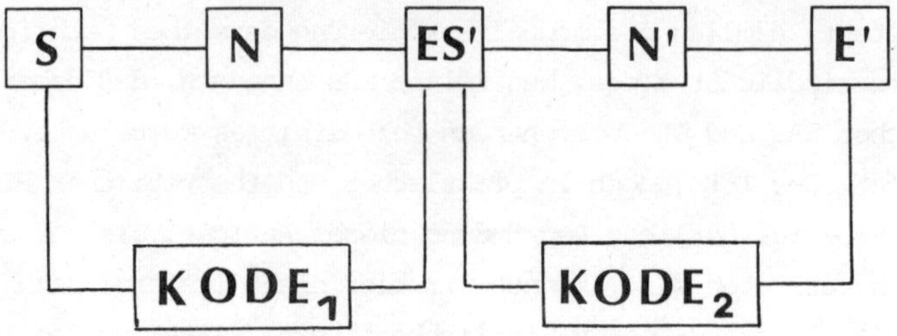

Fig. 2 - 4

Die beiden Kommunikationskreise sind in unserem Schema durch die Person des Übersetzers (ES') gekoppelt, der im ersten Kreis als primärer Empfänger, im zweiten als sekundärer Sender auftritt, eine Doppelfunktion, die er dank seiner (später noch genauer zu spezifizierenden) Zweisprachigkeit auszuüben im Stande ist. Er ist in der Lage, die mit Hilfe von $Kode_1$ formulierte Nachricht N unter Zuhilfenahme von $Kode_2$ zu N' "umzukodieren". Bevor wir nun auf unser Schema 2 - 1 zurückkommen, müssen wir uns erst noch etwas eingehender mit der Frage befassen, wie es überhaupt möglich ist, mit Hilfe sogenannter "Kodes" "Nachrichten" zu formulieren. Zu diesem Zweck wollen wir grob vereinfachend in einem "Kode" kein Zeichensystem, sondern ein einfaches Zeichen sehen. Dazu müssen wir einen kurzen Exkurs in die allgemeine Zeichentheorie machen:

2.2.3.

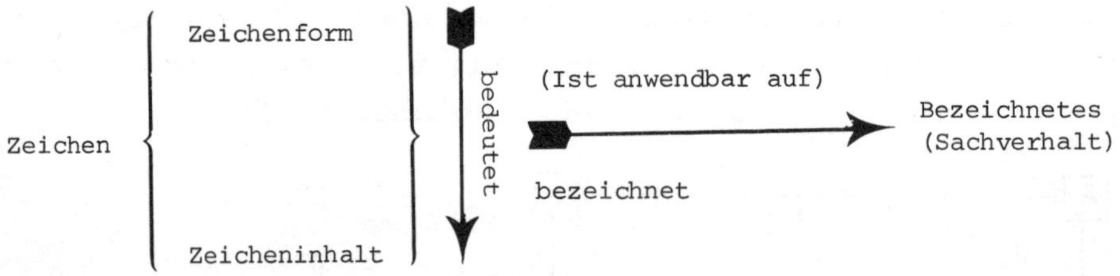

Fig. 2 - 5

Wir haben uns hier bewußt für ein "dreiteiliges" Modell entschieden, wie es in der linguistischen Semantik, vor allem in Europa, weitgehend üblich ist. In der logischen Semantik wird dieses Modell nicht allgemein akzeptiert. Wir identifizieren also den "Inhalt", bzw. die "Bedeutung" eines Zeichens nicht schlechterdings mit der Klasse von Gegenständen oder Sachverhalten, auf die es anwendbar ist, sondern sehen darin zwei getrennt zu untersuchende Phänomene, wobei wir uns darüber im klaren sein müssen, daß "Inhalte" nicht direkt beobachtbar sind und daß ihre "Seinsweise" erhebliche ontologische Probleme aufwirft. Wir werden in 3.2. nochmals auf diese Fragen zurückkommen, wenn es um B e d e u t u n g vs. B e z e i c h n u n g bzw. um i n t e n s i o n a l e vs. e x t e n s i o n a l e Betrachtungsweise geht. Zur leichteren Orientierung über die auf diesem Gebiet sehr uneinheitliche Terminologie kann folgende terminologische Vergleichstabelle dienen:

Zeichen	Zeichenform	Zeicheninhalt	Bezeichnetes	(bei:)
	vox	conceptus	res	(Scholastik)
signe	signifiant	signifié	chose	(Saussure)
sign		designatum	denotatum	(Morris)
	(Name)	Sinn	Bedeutung	(Frege)
		significatum	denotatum	(passim, z.B.Kade)
	word	meaning	referent	(Stern)
	name	sense	thing	(Ullmann)
	Formative	Abbilder	Objektive Realität	(Neubert)
(Zeichen)	(Ausdrucksform)	(Inhaltsform)	(Inhaltssubstanz)	(Hjelmslev)

Die Termini von Hjelmslev sollte man besser nicht als direkte Entsprechungen, sondern als analoge Unterscheidungen interpretieren. Ausdrücke wie "Bedeutung", "meaning", aber auch "signification" sind besonders problematisch; so wird "Bedeutung" und "meaning" in einem Teil der logischen Semantik so verwendet, wie in obenstehender Tabelle bei Frege; oft werden darunter auch relationelle Begriffe verstanden, z.B. die zwischen Zeichenform und Zeicheninhalt bestehende Relation. Auch wird der Ausdruck "Zeichen" sehr häufig in dem Sinn verwendet, der der "Zeichenform" in unserer Tabelle entspricht.

2.2.3.1. Zeichen werden meist nicht isoliert, sondern in Verbindung mit anderen Zeichen verwendet, sie sind Elemente von Zeichensystemen. Bei solchen Systemen - auch unser "Kode" gehört dazu - lassen sich drei Dimensionen unterscheiden: die S y n t a x , d.h. die Gesetzmäßigkeiten, nach denen Zeichen bzw. Zeichenformen untereinander angeordnet werden können; die S e m a n t i k, d.h. die Beziehung, die zwischen Zeichenform und Zeicheninhalt, bzw. je nach Auffassung in dieser Frage, zwischen Zeichen und Bezeichnetem bestehen und die P r a g m a t i k , d.h. die Beziehungen zwischen dem Zeichen und demjenigen, der er verwendet. Die Nachricht N unseres Schemas stellt - wir haben bereits darauf hingewiesen - kein Zeichen im hier erörterten Sinn dar, sondern einen Fall von Zeichengebrauch. In der allgemeinen Zeichentheorie Morrisscher Prägung unterscheidet man in diesem Zusammenhang zwischen t y p e und t o k e n ; bei den speziellen Zeichensystemen, die unsere Sprachen darstellen, spricht man in der Nachfolge Saussures von l a n g u e und p a r o l e (deutsch Sprache und

Rede), bzw. in den Arbeiten zur generativen Grammatik in einem etwas abweichenden Sinn von K o m p e t e n z und P e r f o r m a n z .

2.2.4. Im folgenden Schema wollen wir versuchen, eine Synthese unserer bisherigen Überlegungen vorzulegen. (Das Schema lehnt sich in einigen Einzelheiten an Nida/Taber an, ist aber so stark modifiziert, daß man schon nicht mehr von einer Adaptation sprechen kann).

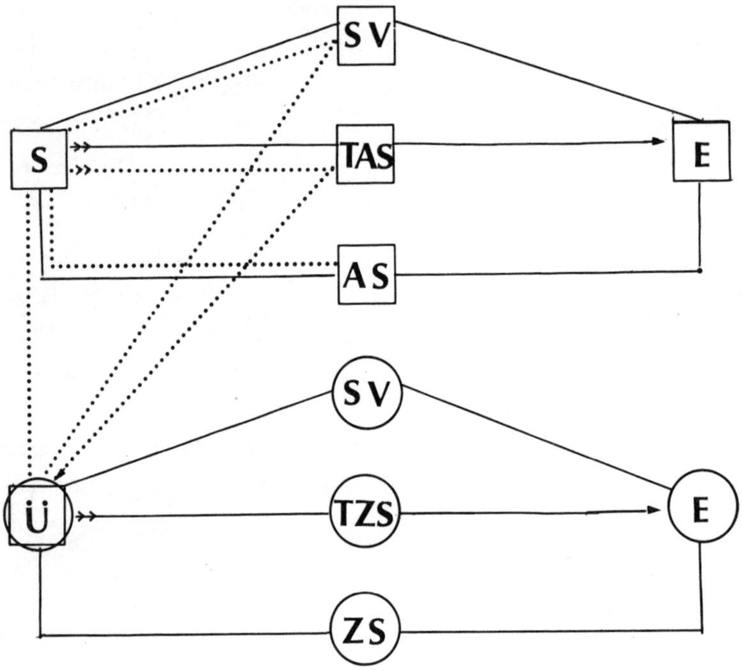

Fig. 2 - 6

Einige Erläuterungen: eckige Elemente gehören zum ersten, runde zum zweiten Kommunikationskreis, daher erscheint der Übersetzer (Ü), über den die beiden Kreise verbunden sind, in doppelter Umrahmung. Der Übersetzer wurde außerdem über gestrichelte Linien als sekundärer Empfänger an den ersten Kreis angeschlossen. Damit soll einer Tatsache Rechnung getragen werden, die nicht in allen Übersetzungssituationen - z.B. nicht beim Dolmetschen - gegeben ist: der Text wird normalerweise nicht zum Zweck der Übersetzung, sondern für Angehörige der Sprachgemeinschaft der AS verfaßt. Diese Tatsache ist in p r a g m a t i s c h e r Hinsicht wichtig. Die Elemente AS, ZS, TAS, TZS - erstere entsprechen den "Kodes", letztere den "Nachrichten" unseres Kommunikationsmodells - müßten eigentlich in Anlehnung an unser Zeichenmodell zweiteilig, nämlich mit Form und Inhalt erscheinen, das würde jedoch unser Schema unnötig komplizieren. Wichtig ist vor allem die Rolle des Elements SV in unserem Schema, das dem "Bezeichneten" in unserem Zeichenmodell entspricht. Wir wollen damit in Übereinstimmung mit unseren Ausführungen in 2.2.1. zum Ausdruck bringen, daß kein Rekurs auf einen identischen Sachverhalt vorliegt. Diese Unterscheidung ist besonders in praktischer Hinsicht von Bedeutung; man hat nämlich bei der Humantranslation davon auszugehen, daß sie immer bis zu einem gewissen Grade "falsch" ist, d.h. in diesem Zusammenhang, daß sie nicht das Optimum an erreichbarer Übereinstimmung aufweist.

2.3. Die Invarianten

Unsere Definitionen in 2.1. lassen erkennen, daß Invarianzforderungen in der übersetzungswissenschaftlichen Literatur häufig nicht sehr klar formuliert werden und daß keine allgemeine Übereinstimmung in dieser Frage besteht. In einem großen Teil der Literatur werden dergleichen Forderungen überhaupt nicht explizit aufgestellt, sondern müssen indirekt erschlossen werden. Über unser Schema 2 - 6 läßt sich in diesem Zusammenhang nur sagen, daß die einzige Komponente, die wirklich invariant bleibt, die Person des Übersetzers ist.

2.3.1. Das Invarianzproblem ist einer der zentralen Punkte einer Gattung von Texten, die von Linguisten - besonders wenn sie einem streng analytischen Wissenschaftsbegriff zuneigen - nicht recht ernst genommen werden - die "essayistischen" Gelegenheitsstellungnahmen zu Problemen der Übersetzung; häufig geht es darin um Ü b e r s e t z u n g s k r i t i k , d.h. Kritik an bestimmten Übersetzungen von Werken der Weltliteratur. Es handelt sich dabei um eine eher belletristische als linguistische Disziplin, nicht zu verwechseln mit der systematischen Übersetzungskritik, die an den Dolmetscher- und Übersetzungswissenschaftlichen Instituten betrieben wird. Berühmte Autoren, wie Luther, Lessing, Goethe, A.W. Schlegel, Schleiermacher - um nur einige Namen aus dem deutschen Sprachgebiet zu nennen - haben sich mehr oder weniger ausführlich zu Fragen der Übersetzung geäußert; auch in jüngster Zeit sind es häufig sprachenkundige Schriftsteller, die aus eigener praktischer Kenntnis der Problematik zu Fragen der Übersetzung Stellung nehmen. Das Invarianzproblem wird dabei natürlich weit globaler behandelt, als das im Rahmen der stärker von einem analytischen Wissenschaftsbegriff beherrschten Disziplin der "linguistischen" Übersetzungstheorie der Fall ist; es ist jedoch nicht prinzipiell unmöglich, Äußerungen dieser verschiedenen "Geistesrichtungen" miteinander in Zusammenhang zu bringen. Ein grosser Teil der Einzelprobleme, die in der "essayistischen" Übersetzungsliteratur immer wieder diskutiert werden, läßt sich generalisierend auf die beiden folgenden Formeln bringen: a) Wie "wörtlich" bzw. "frei" hat eine Übersetzung unter den jeweiligen speziellen Bedingungen zu sein? b) Soll sich eine Übersetzung wie ein Original lesen, oder soll man ihr den Übersetzungscharakter durchaus anmerken, d.h. soll sie - wie es Goethe sinngemäß formuliert hat - den Text an den Leser oder den Leser an den Text heranführen? Beide Fragestellungen betreffen zumindest teilweise das Invarianzproblem. Die Ausdrücke "frei" und "wörtlich" sind problematische, aber sehr populäre Kategorien der Bewertung und Charakterisierung von Übersetzungen, auf die wir später noch zurückkommen werden. Was für einen Sinn sie im Zusammenhang mit unseren vorhergehenden Ausführungen haben, vergegenwärtigen wir uns am besten anhand eines Beispiels:

craint l'humidité (viii)	fürchtet die Nässe (ix)
	vor Nässe schützen (x)

Nehmen wir einmal an, die Übersetzung (ix) von (viii) entspreche genau dem, was man gewöhnlich "wörtlich", die Übersetzung (x) dem, was man "frei" nennt (die "Unbeholfenheit" von (ix) einmal außer Acht gelassen), so stellen wir fest, daß sich (x) stärker am Sachverhalt (Hinweis auf Empfindlichkeit gegenüber Feuchtigkeit von zu transportierenden Gütern), dem, was in unserem Zeichenmodell als "Bezeichnetes" erscheint, orientiert, (ix) dagegen stärker an der "Bedeutung", bzw. am Zeicheninhalt. Umgangssprachlich pflegt man auf diesen Unterschied hinzuweisen, indem man dem nicht Sprachenkundigen erklärt, der französische Ausdruck heiße "eigentlich" das oder jenes, bzw. "die Franzosen drücken das folgendermaßen aus" etc. Die Frage nach dem wünschenswerten Freiheits- bzw. Wörtlichkeitsgrad der Übersetzung betrifft also in diesem Zusammenhang die s e m a n t i s c h e Dimension des Zeichens. Dabei scheinen die näheren Bestimmungen der Äquivalenzforderungen, die wir in 2.1.2. aus unseren Definitionen herauspräpariert haben, in zwei verschiedene Richtungen zu gehen: Ausdrücke wie "Inhalt" und "Bedeutung" können im Sinne von intensionaler Übereinstimmung interpretiert werden, dagegen lassen "Botschaft", "Nachricht", "Sach- und Sinnverhalt" eher auf extensionale Übereinstimmung schließen. Kade hält grundsätzlich zwei Arten der Übersetzung für denkbar (vgl. Literaturhinweise), diejenige, die auf der Basis des Bezeichneten (denotative Bedeutung) realisiert wird, nennt er "Paraphrase", diejenige, die auf der Grundlage des Zeicheninhalts (signifikative Bedeutung) abläuft, nennt er "Interpretation" und bezeichnet sie - als Prozess verstanden - als die übliche Form der Humantranslation. Die Frage b) wollen wir für unsere Zwecke folgendermaßen umformen: c) Soll der Leser einer Übersetzung - soweit das überprüfbar ist - möglichst genau so auf den Übersetzungstext reagieren wie der ursprüngliche Leser auf das Original oder ist das kein erstrebenswertes Ziel? In dieser Form zumindest betrifft die Fragestellung die p r a g m a t i s c h e Dimension des Zeichens. Einige Übersetzungstheoretiker (u.a. Nida und A. Neubert) fordern ausdrücklich, dem pragmatischen Gesichtspunkt (in der deutschen Übersetzung von Nida/Taber heißt es "dynamische Gleichwertigkeit") müsse in der Prioritätenliste der erste Rang eingeräumt werden. In diesem Zusammenhang muß unsere Definition (v) verstanden werden: die Forderung nach Gleichwertigkeit des "Sinnes" ist hier ohne Zweifel pragmatisch zu verstehen. Umgangssprachlich pflegen wir "Sinn" für den pragmatischen Aspekt von sprachlichen Äußerungen zu verwenden: "Verstanden habe ich dich schon, aber ich verstehe nicht den Sinn dessen, was du gesagt hast." Die "funktionelle Äquivalenz" in (vi) kann ebenfalls in pragmatischer Hinsicht interpretiert werden.

2.3.1.1. O. Kade definiert die Invariante der Übersetzung aus kommunikationswissenschaftlicher Sicht als "potentielle Äquivalenz des kommunikativen Wertes von Texten in verschiedenen Kodes." (Probleme, S.9) Diese Formulierung ist hinreichend allgemein, um einer Entscheidung in den oben angedeuteten Fragen auszuweichen. Der Autor möchte sich damit die Möglichkeit der "Linguistisierung" des Übersetzungsprozesses offen halten. Der Grundgedanke dieser sehr komplizierten Operation ist der folgende: Zunächst wird die Invarianzforderung so allgemein gestellt, daß die Entscheidungen, die im Hinblick auf die oben angedeuteten Fragen zu treffen wären, von im einzelnen noch zu diskutierenden Determinanten abhängen, die bei der jeweiligen konkreten Übersetzungsaufgabe berücksichtigt werden müssen. Was immer das Ergebnis dieser Entscheidungen sein mag, am Ende jedes "korrekt" durchgeführten Übersetzungsprozesses stehen Textpaare, die in übersetzungstheoretischer Hinsicht als äquivalent zu betrachten sind. Durch systematischen Vergleich solcher Paare sollen die Daten gewonnen werden, die es erlauben, Zeichenfolgen der AS ohne "semantische und pragmatische Umwege" durch Zeichenfolgen der ZS zu ersetzen. Dabei treten dieselben Schwierigkeiten auf wie bei der Beschreibung von Einzelsprachen; d.h. es muß von den aktuellen "Textäquivalenzen" (vgl. 3.2.2.), auf die potentiellen Äquivalente auf der Ebene der jeweiligen "langues" geschlossen werden, dabei wird man geeignete Abstraktionstufen der Beschreibungssprache einschalten müssen. Kade nennt diese Art der Übersetzung, die allein auf der Grundlage von "Zeichen-

Zeichen-Relationen" durchgeführt wird, "Substitution"; ein anderer Übersetzungswissenschaftler aus der DDR, G. Jäger, nennt die Theorie, die sich mit der Ermittlung dieser Relationen befaßt, I s o p r a k t i k und hält sie für die zentrale Aufgabe der Übersetzungswissenschaft. Ziel aller dieser Bemühungen ist die "unverstandene" Übersetzung; nur wenn sie möglich ist, werden die Bemühungen um die maschinelle Übersetzung eines Tages erfolgreich sein.

2.3.2. Kehren wir zur Humantranslation zurück. Bei der Diskussion der Bewertungsmaßstäbe, die bei der Beurteilung von Übersetzungen anzulegen sind, kamen Übersetzungstheoretiker der verschiedensten Richtungen schon seit langem zu dem Ergebnis, daß man Invarianzforderungen am besten in Abhängigkeit vom jeweiligen Übersetzungs z w e c k aufstellt. Der Übersetzungszweck hängt nun seinerseits von der Art der zu übersetzenden Texte ab; daraus resultiert die Forderung, daß der Wahl der im jeweiligen Einzelfall anzuwendenden Übersetzungsstrategie die Ermittlung des T e x t t y p s vorauszugehen habe. Dazu sind verschiedene Vorschläge gemacht worden, die wir hier aus Raummangel nicht ausführlich besprechen können. In den meisten zu übersetzungswissenschaftlichen Zwecken aufgestellten Texttypologien wird zwischen schöngeistiger Literatur, wissenschaftlicher Literatur, Texten mit Hilfsfunktionen (Lieder-, Opern- und Oratorientexte, Beschriftungen graphischer Darstellungen etc.) und weiteren, nach recht unterschiedlichen Kriterien aufgestellten Gattungen unterschieden. Ansätze zu einer Texttypologie aus pragmatischer Sicht finden sich bei Neubert; die am weitesten ausgearbeiteten Entwürfe hat in letzter Zeit Katharina Reiß vorgelegt. Allgemeinstes Prinzip ihrer Einteilung ist die (hier als bekannt vorausgesetzte) Bühlersche Trichotomie "Darstellung - Ausdruck - Appell", auf deren Grundlage zwischen "inhaltsbetonten", "formbetonten" und "effektbetonten" Texten unterschieden wird, die selbstverständlich im Einzelfall nie in reiner Form vorliegen. Anschließend werden dann noch viele feinere Differenzierungen durchgeführt.

2.4. Das langue-parole-Problem und die Übersetzungseinheit

Über die Saussuresche Dichotomie ist in den letzten fünfzig Jahren so viel diskutiert worden, daß man geneigt ist, einer Wiederaufnahme der Diskussion in einem "Arbeitsheft" schon aus Gründen der räumlichen Beschränkung auszuweichen. Wir müssen dennoch einen sehr allgemeinen Aspekt dieser Unterscheidung aufgreifen, weil damit vielleicht einige populäre Irrtümer im Zusammenhang mit der Übersetzungspraxis auszuräumen sind. Übersetzt werden nicht "Kodes" bzw. Sprachen sondern "Nachrichten" bzw. Texte; wir haben das auf den vorhergehenden Seiten öfters betont. Nun könnte man zunächst annehmen, daß alle diesbezüglichen Warnungen höchst überflüssig sind, da die "langue" - was immer man darunter verstehen mag - in jedem Fall ein wissenschaftliches Konstrukt ist, das sich nirgendwo materiell manifestiert; niemand könne daher in Versuchung geraten, Elemente der "langue" zu übersetzen. Das ist unrichtig; es gibt sprachliche Elemente, die man gewissermaßen als Repräsentanten der "langue" auffassen kann, und dazu gehören Einheiten, die gerade im Zusammenhang mit der Übersetzung eine große Rolle spielen: die "Wörter", so wie sie in unseren Lexika eingetragen sind und wie man sie im Sprachunterricht als "Vokabeln" zu lernen pflegt. Lexikoneinträge sind nicht als Zeichen in aktueller Verwendung zu interpretieren, sie stellen den meist mit unzulänglichen Mitteln unternommenen Versuch dar, die potentiellen Verwendungen des Wortes abzustecken. Die beliebte Frage vom Typ "Was heißt 'Straße' auf französisch?" ist daher falsch gestellt; auch der linguistisch wenig vorgebildete Praktiker wird auf eine solche Frage häufig spontan antworten: "In welchem Z u s a m m e n h a n g ?" und dem Fragesteller erklären, daß er in diesem besonderen Fall *rue*, in anderen *route*, in bestimmten Fällen *voie* und evtl. andere Wörter zu wählen habe. Man kann eine solche Frage nur anhand einer konkreten Bezeichnungssituation entscheiden und müßte daher eigentlich "korrekt" fragen: "Wie kann ich diesen Gegenstand oder Sachverhalt, den ich im Deutschen unter den gegebenen Umständen so nenne, unter entsprechenden Bedingungen im Französischen bezeichnen?" Eine solche Ausdrucksweise ist natürlich schrecklich umständlich und zum täglichen Gebrauch keineswegs zu empfehlen.

2.4.1. Im Zusammenhang mit dem langue-parole-Problem hat man sich in der Übersetzungswissenschaft immer wieder gefragt, was nun eigentlich die Einheit sei, die übersetzt werden könne. Die Standardantwort hierauf lautet häufig: "der Satz". Dies leuchtet um so mehr ein, als der Satz neben dem Wort in der Sprachwissenschaft jahrhundertelang eine privilegierte Rolle eingenommen hat; er war seit jeher die größte sprachliche Einheit, die mit spezifisch linguistischen Mitteln untersucht wurde (in der Rhethorik operierte man dagegen bereits mit größeren Einheiten). Besonders wenn man den Satz mit H.J. Heringer als "kleinste, potentiell selbständige Äußerung in einer Sprache" definiert (Syntax S.9), ist man geneigt, in diesem Ausdruck gleichzeitig eine brauchbare Definition für die Übersetzungseinheit zu sehen. Bei genauerem Hinsehen müssen wir uns jedoch sofort korrigieren. Schon das Auftauchen von "potentiell" in Heringers Definition sollte uns mißtrauisch machen; wenn die von Heringer definierte Einheit potentiell selbständig ist, so wird sie gelegentlich auch unselbständig auftreten.

Das kann für unsere Zwecke - die keineswegs mit denen Heringers identisch sind, der ja den Satz als Einheit der "langue" definieren will - nur bedeuten, daß sie auch als Teil von größeren Einheiten vorkommen wird. In der Tat sind Sätze dann nicht vorbehaltslos als autonome Einheiten zu betrachten, wenn sie integrierende Bestandteile von Texten sind. In letzter Zeit hat diese an sich seit langem bekannten Tatsache Anlaß zur Konstitution einer speziellen linguistischen Disziplin, der sogenannten "Textlinguistik" gegeben (frz. auch "linguistique transphrastique" genannt), die sich mit denjenigen linguistisch relevanten Erscheinungen beschäftigt, die nur untersucht werden können, wenn man bei der Beobachtung "über den Satz hinaus" (daher "transphrastisch") geht. Aber auch in Richtung auf kleinere Einheiten ist Anlaß zur Vorsicht geboten: Die Leuchtschrift "*Notausgang*" über der Tür eines Kinosaals stellt möglicherweise keinen "Satz" dar. Es liegt jedoch eindeutig ein Fall von "Zeichenverwendung" vor, der ins Französische durch die Anbringung einer weiteren Leuchtschrift "*sortie de secours*" übersetzt werden kann. Die Abgrenzung der Übersetzungseinheit nach "unten" dürfte prinzipiell immer weniger Schwierigkeiten machen als nach "oben". Auch hier bleibt uns - ähnlich wie beim Problem der Invarianten - kein anderer Ausweg als eine hinreichend allgemeine Definition: Übersetzungseinheit ist jeder tatsächlich selbständige Fall von Sprachverwendung.

2.4.2. Zur Unterscheidung der Inhaltsseite von Wörtern als Lexikoneinträgen und als Teilen konkreter sprachlicher Äußerungen werden in der deutschsprachigen Literatur die Ausdrücke "lexikalische" vs. "aktuelle", oft auch "System-" vs. "Rede-" bedeutung verwendet (vgl. 3.2.3.) Die "aktuelle" bzw. "Redebedeutung" wird immer irgendwie durch den "Zusammenhang" näher bestimmt, in dem die Wörter verwendet werden. In der linguistischen Literatur wird dieser Zusammenhang gewöhnlich als "Kontext" bezeichnet, ein Terminus, der selbst für unsere bescheidenen Zwecke zu ungenau ist. Wir müssen mindestens eine weitere Unterscheidung einführen: die sprachlichen Elemente, die der Einheit, die wir betrachten, vorausgehen oder folgen, also ihre rein sprachliche Umgebung, wollen wir "Kontext" nennen, die nähere Umgebung nennen wir "Mikrokontext", die weitere "Makrokontext". Die Zusammenhänge, die nur indirekt aus dem Text erschlossen werden können, bzw. - bei gesprochener Sprache - die näheren Umstände, unter denen etwas geäußert wird, nennen wir Situation. Die entsprechenden Ausdrücke bei Catford lauten "co-text" und "context", was leicht zu Verwechslungen Anlaß gibt. Auch die hier getroffene Unterscheidung ist noch ziemlich grob und nicht für alle Zwecke ausreichend, z.B. nicht für eine Theorie der literarischen Übersetzung.

Umfangreichere Ausführungen zu diesem Punkt bieten u.a. T.Slama-Cazacu und E.Coseriu. (Vgl. Literaturhinweise)

2.5. Literaturhinweise

Zu 2.
Die Definitionen finden sich - in etwas anderer Form - an folgenden Stellen:
Der Große Herder, Stichwort "Übersetzung"
Catford, Theory, S.20
Forster, Translation, S.1
Nida/Taber, Theorie, S.11
Kamlah/Lorenzen, Propädeutik, S.86
Jäger, Elemente, S.36

Zu 2.1.
Über Definitionen gibt jede Logik oder Wissenschaftstheorie Auskunft. Interessierte lesen z.B. Savigny, Grundkurs; hier genügt:
Kamlah/Lorenzen, Propädeutik, II, § 2, S.77-81
Zum Funktor "Äquivalenz" vgl. jede beliebige neuere Einführung in die Logik, z.B. Bocheński/Menne, Grundriss, S.29f.

Zu 2.2.
Malblanc, Stylistique, Processus de la traduction, S.18-19
Bühler u.a., Linguistik I, Kap. 2. - 2.44, S.24-36
Mounin, Geschichte, chap. III, 14, S.92-112
Kade, Probleme, Abschn. 0.0. - 2.6., S.3-9
Brekle, Semantik, Kap. 3.5., S.30-37 und 3.3., S.25-28
Bocheński, Denkmethoden, S.39-41 (drei Dimensionen des Zeichens)
Bünting, Einführung, Kap. 1.2.2.2., S.32-34
Seiffert, Wissenschaftstheorie 1, Zeichentheorie, A - B, S.81-93
Geckeler, Wortfelddiskussion, Kap. II,2, S.45-69
Nida/Taber, Theorie, Kap. 2,2, S.21-23
Zu Fig. 2 - 2 und der sich daran anschließenden Diskussion:
Mounin, Geschichte, S.108-109 (1653 gab ... Jerusalem zu sehen)
Italiander, Weltverkehr, S.264-265 (In jenen Ländern ... gekannt hat?)

Zu 2.3.
Mounin, Geschichte, Teil II, S.22-55
Güttinger, Zielsprache, 1. Abschnitt, S.7-53
Kade, Probleme, Abschn. 3.-5.3., S.9-19
Jäger, Elemente, in toto (18 Seiten)
Neubert, Aspekte, in toto (13 Seiten)
Reiß, Überlegungen, in toto (15 Seiten)
Für besonders Interessierte:
Reiß, Möglichkeiten
Schließlich gibt es eine Reihe von Anthologien mit lesenswerten Beiträgen von Autoren der unterschiedlichsten Richtungen, die fast immer die Übersetzungskritik und das Invariantenproblem betreffen, z.B.:
Störig (Hrsg.), Problem

Zu 2.4.
Saussure, CLG, chap. III, S.23-35
Bünting, Einführung, Kap. 1.2.2.1., S.30-32
Chomsky, Aspekte, S.14-15 (Wir machen ... Prozesse)

Kamlah/Lorenzen, Propädeutik, II § 2, S.53-64 und § 3, S.64-69
Heringer, Syntax, S.8-9 (Nun werden ... vollzieht)
Hartmann, Texte, in toto (21 Seiten), speziell These 9, S.23-25
Für besonders Interessierte:
Coseriu, Determinierung, in toto (etwa 50 Seiten; erscheint)
Slama-Cazacu, Contexte
Schmidt, Bedeutung

2.6. Übungen

2 - 1 Vergleichen Sie Fig. 2 - 1, 2 - 2, 2 - 6 im Hinblick auf die Komponente SV. Welchem Kommunikationsproblem versucht Fig. 2 - 1 zusätzlich Rechnung zu tragen?

2 - 2 In einem bekannten Buch zu Problemen der Übersetzung findet sich folgende Stelle: "Man braucht sich nur zu fragen, welches die im Deutschen häufigsten Wörter sind, die es in der anderen Sprache nicht gibt, und man hat ein Mittel, um festzustellen, ob eine Übersetzung etwas taugt oder nicht. In einer am Wort klebenden Übersetzung werden sich diese Wörter nicht finden, weil sie in der Vorlage nicht vorhanden sind. Die fehlenden Wörter lassen erkennen, ob der Übersetzer Deutsch kann und somit die erste Voraussetzung erfüllt, die für eine gute Übersetzung gegeben sein muß."

a) Was ist "schief" an der Formulierung?
b) Versuchen Sie, die Invarianzforderungen des Autors näher zu bestimmen.
c) Versuchen Sie, anhand frz.-deutscher Beispiele zu zeigen, was der Autor meint.

3. ÜBERSETZUNG UND SEMANTIK

In 2.2.3.f haben wir uns einige Elemente der Zeichentheorie vergegenwärtigt. Dabei wurde der Terminus Semantik im Zusammenhang mit den beiden anderen Komponenten dieser Theorie, der Syntax und der Pragmatik, eingeführt. Spätestens seit Saussure ist man gewohnt, die Sprachwissenschaft als einen Spezialfall der Zeichentheorie (frz. in der Nachfolge Saussures meist "sémiologie", in der angelsächsischen und deutschen Literatur "semiotics" bzw. "Semiotik") zu sehen; dabei ist die Rolle der Semantik, wie schon erwähnt, besonders umstritten. Künstliche Sprachen, die gewöhnlich nach rein "syntaktischen" Erwägungen konstruiert werden, kann man "interpretieren"; d.h. man ordnet den einzelnen Elementen dieser Sprachen gewisse Gegenstände zu, in der Regel zu dem Zweck, einen Objektsbereich zu beschreiben. Unter diesem sehr allgemeinen Gesichtspunkt kann man die Semantik als ein System von Regeln bezeichnen, die festlegen, unter welchen Bedingungen ein Zeichen einem Gegenstand oder Sachverhalt zugeordnet werden kann. Nun ist der Gegenstandsbereich, den man den natürlichen Sprachen zuordnen kann, möglicherweise der komplexeste, der sich überhaupt vorstellen läßt, nämlich die gesamte Erfahrungswelt des Menschen. Die Definition der Semantik innerhalb der Semiotik erweist sich für die Sprachwissenschaft als reichlich allgemein; bereits nach kursorischer Lektüre einiger Einführungen in die linguistische Semantik wird man feststellen, daß der Rahmen, der der Semantik durch die Zeichentheorie zugewiesen wird, weit genug ist, um die verschiedenartigsten Ausfüllungen zu gestatten. Da wir hier unmöglich eine - wenn auch noch so elementare - zusammenhängende Einführung in die sprachwissenschaftliche Semantik geben können, sei dem interessierten Leser die vorhergehende Lektüre einer der allgemeiner gehaltenen Darstellungen empfohlen, die im Literaturverzeichnis aufgeführt werden. (Bünting oder Lyons)

3.0.1. Beim Umgang mit künstlichen bzw. bei der Beschreibung von natürlichen Sprachen fällt es im allgemeinen nicht schwer, syntaktische und semantische Gesichtspunkte auseinanderzuhalten. In den folgenden beiden Kapiteln wollen wir semantische und syntaktische Probleme der Übersetzung getrennt behandeln; wir müssen uns jedoch darüber im klaren sein, daß eine solche Trennung im Zusammenhang mit der Übersetzung keineswegs unproblematisch ist. Bei den nun folgenden Beispielen haben wir jeweils ZS-Sätze unter AS-Sätzen angeordnet. Die Beispiele sind - wie in den Arbeiten zum Ü b e r s e t z u n g s v e r g l e i c h (vgl. 5. Kapitel) aus verschiedenen Texten und ihren Übersetzungen entnommen:

```
        1    2    3   4     5           6
(i)     Cette/somme/vous/sera/restituée/à votre sortie de prison
                       6                4    3    1    2
        Wenn Sie das Gefängnis verlassen/wird/Ihnen/diese/Summe
             5         4
        zurückerstattet/werden/.
        1   2      3  4     5         6        7
(ii)    La/voix/résulte/de/vibrations/des/cordes vocales
         1     2       3         4        5          6        7
        Die/Stimme/ist das Ergebnis/von/Schwingungen/der/Stimmbänder
         1    2  3   4     5      6   7          8            2
              a                                                b
(iii)   Sie zog mit der rechten Hand ihre Schreibtischschublade auf,
        3  4   6      5     1     2      7     8
                            a+b
(iii)   De la main droite elle ouvrit son tiroir
          9    10          11         9       12   13    14    15     12
          a         a      b          b       a                        b
        schob eine Tafel Schokolade beiseite, nahm die rote Karte heraus.
          9    10          11             12   13    14    15
         a+b        a     (-)    b    (-) a+b
        écarta une tablette de chocolat et sortit la carte rouge
```

Wir haben unseren Beispielsätzen zu Demonstrationszwecken die primitivste Strukturbeschreibung zugeordnet, die überhaupt denkbar ist; jedoch können wir mit ihrer Hilfe zeigen, daß semantische und syntaktische Gesichtspunkte bei der Übersetzung sich gegenseitig bedingen. Unser Beschreibungsprinzip ist leicht zu durchschauen: Wir segmentieren den AS-Satz so, daß den dabei entstehenden Abschnitten gerade noch direkte Entsprechungen im ZS-Satz zugeordnet werden können und versehen die sich entsprechenden Abschnitte jeweils mit derselben Ziffer. Unser Beispiel (iii), bei dem wir um etwas größere Genauigkeit bemüht waren, indem wir auch die "Binnenstruktur" der jeweiligen Entsprechungen (Kleinbuchstaben unter den Zahlen, (-)= keine unmittelbar erkennbare Entsprechung) zu berücksichtigen versuchten, demonstriert die geringe Leistungsfähigkeit dieser Beschreibungsmethode; mit sogenannten Baumgraphen, wie sie in Konstituentenstrukturbeschreibungen und in der generativen Transformationsgrammatik (TG) verwendet werden, lassen sich ungleich "vielsagendere" Strukturbeschreibungen herstellen. Immerhin können wir anhand unserer Beispiele zeigen, wie wir die Abgrenzung zwischen syntaktischen und semantischen Problemen der Übersetzung vorzunehmen denken. Das Verhältnis zwischen den jeweiligen Entsprechungen, bzw. den von ihnen repräsentierten Sachverhalten, stellt für uns ein semantisches Problem dar, die unterschiedliche Anordnung der Elemente innerhalb der von den AS-Sätzen und ZS-Sätzen gebildeten Ketten wollen wir als syntaktisches Problem verstehen. Diese Unterscheidung ist nicht so trivial und unproblematisch, wie es vielleicht auf den ersten Blick scheinen mag; davon überzeugt man sich am leichtesten dadurch, daß man die Sätze gemäß den für die Beschreibung von Einzelsprachen üblichen Kriterien segmentiert und dann versucht, ein Inventar p o t e n t i e l l e r Entsprechungen der so gewonnenen Segmente aufzustellen. Wir wollen zunächst versuchen, syntaktische Erwägungen weitgehend auszuklammern; da die semantische Komponente der TG in beiden derzeit diskutierten Modellen, dem "interpretativen" und dem "generativen", in enger Verbindung mit der syntaktischen Komponente steht, wollen wir auf einige diesbezügliche Fragen erst im nächsten Kapitel eingehen.

3.1. Semantik und Pragmatik

Wenn auch in der allgemeinen Zeichentheorie die pragmatische Komponente von der semantischen klar getrennt wird, so wird diese Trennung in der linguistischen Semantik doch häufig vernachlässigt; genauer gesagt, pragmatische Fragen werden oft einfach der Semantik zugeschlagen: Zunächst ein einfaches Beispiel:

Heute bin ich früher dagewesen als du (iv)

Wir können die Bedeutung von (iv) etwa folgendermaßen paraphrasieren: "An dem Tag, an dem (iv) geäußert wird, ist der Sprecher (S) früher als der Angesprochene (A) an einem Ort gewesen, auf den (S) oder (A) entweder in früheren Äußerungen mit sprachlichen Mitteln hingewiesen haben, oder der aus der Situation erschlossen werden kann." Es ist leicht einzusehen, daß ohne genaue Kenntnis der Umstände, unter denen (iv) geäußert wurde, von der "Bedeutung" des Satzes nicht auf den bezeichneten Sachverhalt geschlossen werden kann. Ansätze zu einer Integration der pragmatischen Komponente in die Sprachwissenschaft sind in letzter Zeit wiederholt unternommen worden, es sei u.a. auf die Arbeiten von D.Wunderlich hingewiesen. In der Regel wird die Einbeziehung der Pragmatik in die Linguistik auf der Ebene einer "linguistique de la parole" bzw. einer "Theorie der Performanz" gefordert, jedoch sind gegenüber dieser Ansicht von J.R. Searle in seiner Theorie der " S p r e c h a k t e " auch Einwände erhoben worden (vgl. Searle, S.32). Searle bezieht die pragmatische Komponente systematisch in die Sprachbetrachtung mit ein; er geht davon aus, daß die kleinste Einheit der Kommunikation nicht etwa Wort, Satz oder etwas ähnliches ist, sondern die Hervorbringung einer solchen Einheit im Vollzug des Sprechaktes. (vgl. unsere Übersetzungseinheit in 2.4.2.) Bei jedem "Sprechakt" lassen sich drei Komponenten unterscheiden: a) Äußerung von sprachlichen Elementen (Äußerungsakte); b) Referenz und Prädikation (propositionale Akte); c) Fragen, Befehlen, Versprechen etc. (illokutionäre Akte) Uns geht es hier nur um die Unterscheidung von b) und c). Searle unterscheidet bei jedem geäußerten Satz zwei Komponenten: den propositionalen Indikator und den Indikator der illokutionären Rolle. In einigen Fällen lassen sich die beiden Elemente schon in der Oberflächenstruktur eines Satzes ziemlich klar erkennen: Musterbeispiel ist ein Hauptsatz, in dem ein performatives Verb (ein Verb, das genau die Handlung bezeichnet, die vollzogen wird, wenn es in der ersten Person Sg. geäußert wird) vorkommt und der einen daß-Satz zum Objekt hat, also z.B.:

Ich schwöre, daß ich es nicht getan habe. (v)

In (v) läßt sich der Hauptsatz als Indikator der illokutionären Rolle, der Objektsatz als propositionaler Indikator auffassen. Der folgende Fall ist nicht ganz so einfach:

Ich schwöre, es nicht getan zu haben. (vi)

Führt man allerdings (vi) mit den Mitteln der TG auf eine "Tiefenstruktur" zurück, so erscheinen im entsprechenden zugrundeliegenden Strukturbaum (underlying phrase marker), von dem sich wahrscheinlich auch (v) ableiten ließe, die beiden Indikatoren getrennt, etwa in der Form

Ich schwöre + Ich habe es nicht getan (vii)

Der zweite Teil von (vii), nun wieder als "Oberflächensatz" aufgefaßt, würde nach Searle die illokutionäre Rolle "Behauptung" enthalten. Für viele Sätze läßt sich eben kein Strukturbaum aufstellen, in dem ein einzelnes Element vorkommt, das als Indikator der illokutionären Rolle dient, es sei denn, man stellte Sätze grundsätzlich in Abhängigkeit von einer übergeordneten pragmatischen Komponente dar, was allerdings kaum Aufgabe einer "Grammatik" im engeren Sinne sein kann. Im folgenden Satz

Könntest du das für mich tun? (viii)

versteht der kompetente Hörer bei geeignetem Kontext ohne Schwierigkeit, daß die illokutionäre Rolle der Proposition "Du tust das für mich" nicht eigentlich - wie dem Satzzeichen nach zu vermuten wäre - als Frage, sondern als Aufforderung zu verstehen ist. Mit rein syntaktisch-semantischen Mitteln läßt sich diese Erkenntnis nicht darstellen.

3.1.1. Die Einbeziehung pragmatischer Gesichtspunkte in die Übersetzungswissenschaft ist - vom Invariantenproblem einmal abgesehen - insofern notwendig, als verschiedene Sprachen unterschiedliche Mittel verwenden, um Deixis, Tempus und Rollenidentifikation (vgl. iv), sowie die illokutionäre Rolle von Propositionen (vgl. v-viii) zu bezeichnen. Zwar sind die Abweichungen bei den modernen europäischen Sprachen in dieser Hinsicht nur geringfügig und der von Searle angeführte Katalog der Mittel, die im Englischen die illokutionäre Rolle einer Proposition anzeigen (Wortfolge, Betonung, Intonation, Interpunktion, Modus des Verbs, performative Verben) gilt mutatis mutandis auch fürs Deutsche. Aber es gibt auch hier schon Unterschiede. Ein simples Beispiel hierfür ist die Tatsache, daß im gesprochenen modernen Französisch ansteigende Intonation als Indikator der illokutionären Rolle "Frage" dient, während hierfür im Deutschen eine Umstellung der Wortfolge verwendet wird:

```
                                       1  2            2  1
tu es malade : tu es malade? = du bist krank : bist du krank? (ix)
```

Allgemein bekannt ist auch die Möglichkeit der romanischen Sprachen, ein bestimmtes Tempus als Indikator der illokutionären Rolle "Befehl" zu verwenden, wofür im Deutschen dann ein "Modalverb" eintritt:

tu ne tuer*as* point du *sollst* nicht töten (x)

Auffällige Unterschiede im Hinblick auf die Rollenidentifikation bestehen bei den Anredeformen. So besitzt das Französische mit *Monsieur*, *Madame*, *Mademoiselle* Anredeformen, mit denen unter Wahrung bestimmter sozialer Normen wie Höflichkeit, Distanz etc. Gesprächspartner auf ihre Empfängerrolle bei der Kommunikation vorbereitet werden können. Ähnliche Formen gibt es in den meisten europäischen Sprachen, jedoch nicht im Deutschen (Ausnahme *Fräulein!* bei Bestellungen in einem Lokal). Das Fehlen entsprechender Formen im Deutschen ist eine auffallende Erscheinung, die gelegentlich Sprecher, häufig Übersetzer in Schwierigkeiten bringt; (xi) und (xii) stehen nur für zwei besonders häufig verwendete Notlösungen:

"Monsieur, aurait voulu demander Marc, est-ce qu'il y a beaucoup d'autres garçons à T.?"
"Sind sonst noch viele Knaben in T.?" hätte Marc gerne gefragt (xi)
Monsieur!... Monsieur!... Il est huit heures...
Monsieur!... Monsieur!... Es ist acht Uhr... (xii)

Von den meisten übrigen europäischen Sprachen unterscheidet sich das Französische weiterhin dadurch, daß die hier besprochenen Formen unter den oben skizzierten sozialen Bedingungen auch für anwesende Dritte verwendet werden können, während dafür in anderen Sprachen zusätzliche Deiktika benötigt werden:

Tu ne trouves pas que Monsieur a une gueule d'aristocrat?
...findest du nicht auch, daß *dieser* Herr... (xiii)
Non ti sembra che *il* signore... No te parece que *el* señor...

Gerade die letzten Beispiele lassen erkennen, daß die Ausarbeitung einer Performanztheorie, die pragmatische Gesichtspunkte miteinbezieht, vielfältige soziolinguistische Implikationen haben wird. Pragmatische Gesichtspunkte sind für die Übersetzungswissenschaft insofern besonders wichtig, als es hier - wie mehrfach betont wurde - primär immer um "Sprechakte", nicht um "Sprache" geht. Die gegenwärtige Entwicklung in der Linguistik läßt vermuten, daß in absehbarer Zeit die Pragmatik ähnlich wie die Semantik als besonderes Forschungsgebiet immer mehr Beachtung finden wird. Dessen müssen wir uns bewußt sein, wenn wir, der Tradition folgend, pragmatische Gesichtspunkte nicht streng von semantischen trennen werden.

3.2. Bedeutung und Bezeichnung

Eng verbunden mit der hier zu diskutierenden Dichotomie ist eine andere, mit der wir uns zunächst beschäftigen wollen. Seit den Stoikern unterscheidet man den "Bedeutungs u m f a n g " vom "Bedeutungs i n h a l t " eines Zeichens; die dazu verwendeten Termini hießen in der im 17. Jh. entstandenen "Logique de Port-Royal" "étendue" und "compréhension"; heute haben sich nahezu überall die Ausdrücke " E x t e n s i o n " und " I n t e n s i o n " durchgesetzt. Unter der Extension eines Zeichens versteht man die Gesamtheit der Gegebenheiten, für die es stehen, bzw. auf die es angewendet werden kann; verifizierbar ist die Extension durch die Untersuchung der "korrekten" Zeichenverwendung. Einen solchen Fall wollen wir B e z e i c h n u n g nennen. (vgl. 2.2.3.) Unter der Intension eines Zeichens versteht man die Menge von inhaltlichen Merkmalen, die gegeben sein müssen, damit es auf etwas Außersprachliches angewendet werden kann: der Umfang des deutschen Wortes *Pferd* ist die Klasse sämtlicher existierender - und unter gewissen zusätzlichen ontologischen Bedingungen - existiert habender, in Zukunft existierender oder vorstellbarer Pferde, sein Inhalt dagegen ist das, was das "Wesen des Pferdes" ausmacht, seine "Pferdheit". Der Inhalt geht also - zumindest nach unserer Darstellung - dem Umfang idealiter voraus, bedingt ihn gewissermaßen; er läßt sich kaum objektiv verifizieren, aber, z.B. mit den Mitteln der sogenannten "strukturellen Semantik", von anderen Inhalten abgrenzen. Wir wollen - einer im deutschen Sprachgebiet weitgehend eingebürgerten Konvention folgend - den Inhalt eines Wortes " B e d e u t u n g " , wenn es die Genauigkeit erfordert, auch "Lexikon-" oder "Systembedeutung" nennen. (Zur Abgrenzung der beiden Dichotomien vgl. Fig. 3 - 3) Die Notwendigkeit und

Durchführbarkeit der Unterscheidung von extensionaler und intensionaler Betrachtungsweise wird nicht allgemein akzeptiert. Da wir besonders von der Notwendigkeit der Unterscheidung der beiden Gesichtspunkte überzeugt sind, müssen wir die damit verbundenen Probleme noch etwas weiter ausführen. Zu diesem Zweck wählen wir zwei Wörter, die in Hyponomierelation stehen, umgangssprachlich ausgedrückt, von denen das eine als "unter das andere fallend" gedacht werden kann, z.B. *Pferd* und *Tier*. Um das Verhältnis, in dem die beiden Wörter zueinander stehen, deutlich zu machen, bedienen wir uns der sogenannten Venn-Diagramme, die auch in der Mengenlehre verwendet werden:

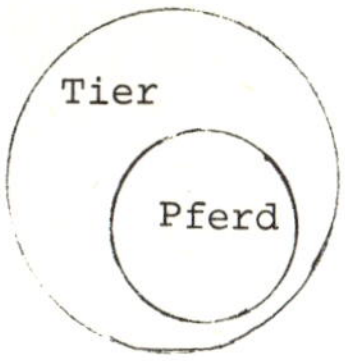

Fig. 3 - 1

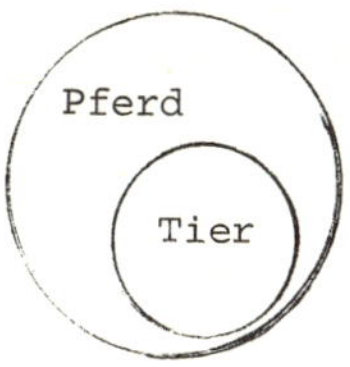

Fig. 3 - 2

Unsere Fig. 3 - 1 zeigt, daß der Umfang des Wortes *Tier* denjenigen von *Pferd* einschließt, es geht - schlicht ausgedrückt - daraus hervor, daß alle Pferde Tiere, aber nicht alle Tiere Pferde sind. Wenn aber alle Pferde Tiere sind, so genügt es zu wissen, daß x ein Pferd ist, um auch behaupten zu können, daß x ein Tier ist; man nennt diesen Sachverhalt "Implikation" und kann ihn folgendermaßen ausdrücken (es sind recht unterschiedliche Notationen üblich): $(x)\ [P(x) \rightarrow T(x)]$, "von allen x gilt: wenn sie Pferde sind, sind sie auch Tiere." Unser in Fig. 3 - 2 wiedergegebenes Diagramm kann als Darstellung dieses Sachverhalts aufgefaßt werden. Die Diagramme 3 - 1 und 3 - 2 stehen keineswegs im Widerspruch zueinander, sondern sollen lediglich demonstrieren, daß sich Extension und Intension reziprok verhalten; in der klassischen Logik spricht man metaphorisch vom "ärmeren Inhalt" bei "größerem Umfang", bzw. vom "reicheren Inhalt" bei "geringerem Umfang"; der extensional "weitere" Begriff ist der intensional "ärmere".

3.2.1. Von Überlegungen zum Identitätsproblem ausgehend, machte sich Gottlob Frege, einer der Begründer der modernen Logik, Gedanken darüber, wie die Tatsache zu beurteilen sei, daß verschiedene Zeichen zur Bezeichnung ein und desselben Gegenstandes verwendet werden können. Die deutschen Wörter "*Morgenstern*" und "*Abendstern*" beziehen sich z.B. auf denselben Gegenstand - den Planeten Venus -; sie haben also, in Freges Terminologie, die, wie aus der Tabelle auf

S. 22 hervorgeht, von der heute gebräuchlichen abweicht, dieselbe Bedeutung. Frege kam zu dem Schluß, daß man aufgrund dieser Erkenntnis dennoch nicht schließen dürfe, es handele sich bei diesem Unterschied um ein triviales Nomenklaturproblem, sondern es liege ein "Unterschied in der Art des Gegebenseins" des Bezeichneten vor, in seiner Terminologie, ein Unterschied des Sinnes. Hiermit sind wir an einem für die linguistische Semantik besonders wichtigen Aspekt des Inhalt-Umfang-Problems angelangt: es ist nämlich möglich, daß zwei Zeichen denselben Umfang, aber unterschiedlichen Inhalt haben (der umgekehrte Fall ist natürlich ausgeschlossen). Vergleicht man daraufhin den Wortschatz v e r s c h i e d e n e r Sprachen, so stellt man fest, daß es viele lexikalische Äquivalente gibt, auf die dieser Sachverhalt zuzutreffen scheint:

Schublade	Streichquartett	Fingerhut
tiroir (xiv)	quatuor à cordes (xv)	dé à coudre (xvi)
casetto	quartetto per archi	ditale
		(tosk. anello da cucire)

Die in (xiv) bis (xvi) aufgeführten Tripel von Ausdrücken bezeichnen jeweils mit ziemlich großer Genauigkeit denselben außersprachlich gegebenen Sachverhalt, der jedoch - mit Freges Worten ausgedrückt - jeweils auf verschiedene Art gegeben ist.

3.2.2. In den meisten Arbeiten zur sprachwissenschaftlichen Semantik entspricht der Unterschied von Bezeichnung und Bedeutung - sofern er überhaupt gemacht wird - dem von Extension und Intension in der Logik. In unserer Darstellung - die keinerlei Anspruch auf Allgemeingültigkeit erhebt - erhält er einen anderen Sinn, da wir eine weitere Unterscheidung miteinbeziehen wollen, nämlich die von " p o t e n t i e l l " und " a k t u e l l ". Die Ausdrücke *"Morgenstern"* und *"Abendstern"* oder *"Wiederkäuer"* und *"Paarhufer"* bezeichnen nämlich - bei unterschiedlicher "Bedeutung" - regelmäßig denselben Gegenstandsbereich, ohne daß bestimmte Determinatoren wie Deiktika, Kontext, Situation etc. sie einem ganz bestimmten, individuell identifizierbaren Objekt zuordnen würden. Kommen diese Faktoren hinzu, wie es in den meisten Redesituationen, die ja keine Benennungssituationen (Typ: das ist eine Schublade) sind, der Fall ist, so kann eine große, in einzelnen Fällen nahezu unbegrenzte Menge von sprachlichen Zeichen auf ein und denselben Gegenstand angewendet werden: Keine semantische Regel verbietet mir, denselben Gegenstand einmal als "Katze", ein anderes Mal als "verdammtes Biest", einmal als "interessanten Artikel", ein anderes Mal als "verantwortungsloses Geschmiere" zu bezeichnen. Niemand würde daraus den Schluß ziehen, die betreffenden Ausdrücke hätten dieselbe Bedeutung. (Es gibt allerdings Semantiker, die den Schwierigkeiten dadurch aus dem Wege zu gehen suchen, daß sie behaupten, Wörter hätten ohne Kontext überhaupt keine Bedeutung, eine u.E. unsinnige Annahme, die übrigens die Schwierigkeiten nicht beseitigt, sondern nur an eine andere Stelle der Theorie verweist). Die sogenannten "lexikalischen Äquivalente" in verschiedenen Sprachen ähneln in gewisser Hinsicht den oben angeführten Fällen von Bezeichnungsäquivalenzen:

Fahr nicht so schnell!	No *corras* tanto	
Ne *roule* pas si vite	Don't *drive* so fast	(xvii)
Non *andare* così veloce		

Die jeweils unterstrichenen Verben bezeichnen alle - soweit das überhaupt verifizierbar ist - im gegebenen Text denselben Sachverhalt, sie haben jedoch weder denselben Bedeutungsinhalt noch denselben Bedeutungsumfang. Davon kann man sich verhältnismäßig leicht überzeugen. (vgl. Übungsteil) Wir wollen in Zukunft Fälle äquivalenter Bezeichnung in verschiedensprachigen Texten, wie sie die Verben in (xvii) darstellen " T e x t ä q u i v a l e n z e n " nennen. Darunter fallen in einem vorläufigen Stadium der Untersuchung auch unsere Tripel (xiv) bis (xvi), jedoch würden weitergehende Erwägungen zeigen, daß eine vollkommenere Übereinstimmung besteht: In allen Fällen, in denen man im Deutschen *"Fingerhut"* sagen würde, kann man im Französischen *"dê à coudre"* gebrauchen; das trifft auf *"fahren"* und *"rouler"* nicht zu. Daraus wollen wir jedoch auch nicht schließen, eines der beiden Verben oder alle beide seien "polysem" (vgl.3.4.1.).

3.2.3. Fassen wir zusammen: Die nicht bis in alle Einzelheiten konsequent konstruierte Terminologie, die wir hier verwenden, weil sie weitgehend üblich ist, läßt sich mit Hilfe des folgenden Schemas in Form einer Kreuzklassifikation darstellen:

	potentiell	aktuell
Extension	Extension, Bed.umfang	Bezeichnung
Intension	Bedeutung, bzw. lexikalische Bedeutung	Redebedeutung, aktuelle Bedeutung

Fig. 3 - 3

Die Dichotomie Bedeutung - Bezeichnung entspricht also bei uns - wenn keine präzisierenden Zusätze verwendet werden - einer doppelten Unterscheidung, was man leicht daraus ersehen kann, daß sich die beiden Termini in unserem Schema diagonal gegenüberstehen. Der Terminus "Bezeichnung" stellt den Akt der Zeichenverwendung extensional betrachtet dar, d.h. die Anwendung eines Zeichens auf ein bestimmtes, durch besondere Determinatoren festgelegtes Objekt aus seinem gesamten Anwendungsbereich. In der linguistischen Semantik kann es sinnvoll sein, diesen Akt auch intensional zu betrachten, sich also für die inhaltlichen Merkmale eines Zeichens zu interessieren, die in einem konkreten Akt der Zeichenverwendung gegeben sein müssen. Man spricht dann von "aktueller" oder "Redebedeutung" (vgl.2.4.2.). Wir wollen nochmals daran erinnern, daß es - wie bereits in 1.2. ausgeführt wurde - bei Übersetzungen um Bezeichnungsäquivalenz geht; Bedeutungsgleichheit darf nicht erwartet und daher auch nicht gefordert werden. Mit unserem Modell (Fig. 2 - 6 in 2.2.4.) wollten wir darüberhinaus zum Ausdruck bringen, daß auch hinsichtlich der Bezeichnungsgleichheit bei Übersetzungen Anlaß zur Skepsis besteht. Abschließend eine Bemerkung zur bibliographischen Orientierung: Für eine konsequente Unterscheidung von Bedeutung und Bezeichnung auf dem Gebiet der Sprachwissenschaft hat sich besonders E. Coseriu eingesetzt; er kritisiert in diesem Zusammenhang besonders scharf den Bedeutungsbegriff der Anhänger der TG. Seine Kritik wird jedoch auch von Autoren geteilt, die selbst teilweise auf der Grundlage der TG arbeiten; so schließt sich C. Rohrer der Kritik Coserius in zwei wesentlichen Punkten an, auf die wir hier nicht weiter eingehen können: die sogenannten "Selektionsbeschränkungen" und die Forderung der "Erhaltung der Bedeutung" (meaning preserving) bei den Transformationen.

3.3. Lexikalische und grammatische Bedeutung

Aristoteles unterschied zwei Arten des Bedeutens: das "eigentliche", "volle" oder "materiale" Bedeuten, durch das einer Zeichenform ein Zeicheninhalt zugeordnet wird, einerseits und das "formale" oder "kategorielle" Bedeuten andererseits, das die "eigentliche" Bedeutung modifiziert. Diese Unterscheidung wurde später wiederholt von der Sprachwissenschaft aufgegriffen und modifiziert; man pflegt in diesem Zusammenhang von "struktureller" bzw. "grammatischer" vs. "lexikalischer" Bedeutung zu sprechen. Unter "lexikalischer" Bedeutung versteht man den Inhalt sprachlicher Einheiten, die in den meisten linguistischen Terminologien "L e x e m e" genannt werden. In den folgenden Wortreihen stellen die kursiven Segmente (die z.T. die gleiche, z.T. aber recht unterschiedliche Formen haben) Lexeme dar. Es gibt gute Gründe anzunehmen, daß ihre Bedeutung innerhalb jeder Reihe dieselbe ist und daß infolgedessen die Bedeutungsunterschiede der einzelnen Wörter auf einen nicht lexikalischen "Rest", eben auf die "grammatische" Bedeutung zurückgeführt werden müssen:

lieb, *lieb*en, *Lieb*e, *lieb*lich, *Lieb*haber.
*dorm*ir, *dorm*eur, *dorm*ant, *somm*eil, *dorm*ition. ⁎
coeur, *cord*ial, *card*iaque
*Schlüss*el, *schließ*en, *Schloß*

⁎ Auf die erheblichen morphologischen Probleme, die unsere Beispiele aufwerfen, kann hier nicht eingegangen werden.

Bei Sätzen gibt es noch einige Komponenten mehr zu berücksichtigen; man würde nicht weit kommen, wollte man versuchen, die Bedeutung eines Satzes durch einfache "Addition" der Bedeutungen der in ihm enthaltenen Wörter zu gewinnen. Wir können z.B. versuchen, sämtliche bedeutungstragenden Elemente von (xviii) zu segmentieren und zu beschreiben und dabei mit den Lexemen anfangen:

Son *am*ant fut *terrass*é par une *crise card*iaque (xviii)

Vorausgesetzt, es wäre uns gelungen, die Bedeutung der Lexeme zufriedenstellend zu erfassen, so bliebe uns doch noch eine Menge "Inhaltliches" zu beschreiben übrig: Die Bedeutung solcher Einheiten wie *son, fut, par* und *une* auf der einen, *-ant*, *-ass-*, *-é*, *iaque* auf der anderen Seite; der Unterschied, der zwischen Wörtern wie *amant* bzw. *crise* und *terrasser* sowie *cardiaque* besteht (gewöhnlich Unterschied der Wortarten genannt); die verschiedenen Rollen, die Syntagmen wie *son amant, fut terrassé* und une *crise cardiaque* im Satz innehaben (üblicherweise spricht man hier von Satzgliedern oder Satzfunktionen wie Subjekt, Prädikat etc.). Beim Vergleich mit anderen Sätzen derselben Sprache würden wir zudem feststellen, daß zwischen Elementen wie *fut terrassé* und *sera terrassé* und Satztypen wie *"qn fut terrassé par qc"* und *"qc terrassa qn"* Bedeutungsunterschiede bestehen, die sich nicht auf unterschiedliche Lexembedeutungen zurückführen lassen. Wir können den ganzen Komplex dessen, was man unter "grammatischer" Bedeutung verstehen kann, nur skizzieren. Es bleibt anzumerken, daß die Unterscheidung von "lexikalisch" und "grammatisch" in denjenigen Theorien der Sprachbeschreibung, die zwischen "Oberflächenstruktur" und "Tiefenstruktur" unterscheiden, einen anderen Sinn bekommt und anders gehandhabt werden muß. Wir wollen jedoch bei unseren Überlegungen nur "Oberflächensätze" berücksichtigen.

3.3.1. Vergleichen wir Texte und ihre Übersetzungen unter dem hier behandelten Gesichtspunkt, so stellen wir fest, daß "lexikalische" und "grammatische" Bedeutung nicht notwendigerweise gleichermaßen verteilt sind. Zwar sind größere Divergenzen bei den typologisch relativ ähnlichen europäischen Sprachen nicht gerade häufig, jedoch kommen sie durchaus vor. Einen besonders häufigen, nahezu banalen Fall stellt die sogenannte "T r a n s p o s i t i o n" dar. Es handelt sich hierbei um einen Terminus aus der "stylistique comparée", mit dem die oft anzutreffende Erscheinung bezeichnet wird, daß die zwischen AS-Texten und ZS-Texten feststellbaren Äquivalenzen nicht derselben Wortart angehören:

Jochen h u m p e l t e *aus* dem Aufzug
Jochen *sortit* c l o p i n - c l o p a n t de l'ascenseur (ixx a)
er hörte das Ah *aus* der Zuschauermenge
il entendit le ah! *montant de* la foule des spectateurs (ixx b)

se déchausser, se déganter
die Schuhe, die Handschuhe ausziehen (ixx c)
Lontani paesi *biancheggiano* sulle cime di bassi monti
Ferne Dörfer *schimmern weiß* auf niedrigen Anhöhen (ixx d)

Die meisten der hier angeführten Beispiele können auch unter anderen Gesichtspunkten betrachtet werden. (ixx c) und (ixx d) sind Beispiele dafür, daß die Möglichkeit der Wortbildung teils aus systematisch darstellbaren, teils aus mehr oder weniger historisch-zufälligen Gründen auch bei typologisch und genetisch nah verwandten Sprachen sehr unterschiedlich ausgebaut sind, so daß exakte Äquivalente "an der Oberfläche" häufig fehlen und "umschrieben" werden müssen. Etwas anders sind folgende Fälle zu beurteilen:

Je me taisais : Ich schwieg
Je me tus : Ich verstummte (xx a)
Il ne le savait pas : Er wußte es nicht
Il ne le sut jamais : Er erfuhr es nie (xx b)

Die beiden Beispiele zeigen, daß Tempus- bzw. Aspektunterschieden (wir wollen das Tempus-Aspekt-Problem hier nicht aufrollen) in AS-Texten lexikalische Unterschiede in ZS-Texten entsprechen können. Hierher wären u.a. auch die zahlreichen Entsprechungen romanischer verbaler Periphrasen im Deutschen zu rechnen wie *stare facendo qc 'gerade etwas tun', 'dabei sein etwas zu tun'* etc. Ähnliches gilt für eine ganze Reihe von Affixen, die die Lexembedeutung modifizieren; sie werden, wenn im Inventar der ZS nichts Geeignetes zur Verfügung steht, nicht selten durch Lexeme wiedergegeben:

"A portare all'inferno la tua anim*accia*!" urlò don Camillo
...ton âme *abonimable* ... deine *verdammte* Seele (xxi)
...drei Minuten und dreißig Sekunden bis der Turnlehrer *ab*pfeifen würde
...avant que le professeur de gymnastique *n'envoyât le coup de sifflet final*
...*avrebbe dato il fischio di chiusura* (xxii)

(xxii) ist ein extremes Beispiel, das natürlich auch in der Reihe (ixx a) - (ixx d) hätte aufgeführt werden können. Wir wollen es hier nicht weiter diskutieren, da wir ähnliche Probleme unter dem spezielleren Gesichtspunkt der typologischen Verschiedenheiten des Deutschen und des Französischen im 5. Kapitel besprechen wollen.

3.3.2. Bevor wir uns einem weiteren Punkt unserer Untersuchung zuwenden, müssen wir hier noch eine Bemerkung allgemeiner Natur einschieben. Die bisher angeführten Beispiele - sie wurden nur in Ausnahmefällen konstruiert, meist jedoch Texten und ihren jeweiligen Übersetzungen entnommen - stellen a k z e p t a b l e , nicht o b l i g a t o r i s c h e Äquivalente zwischen AS- und ZS-Texten dar;

sie repräsentieren Typen von Entsprechungen, die in bereits vorhandenen Übersetzungen mit einiger Regelmäßigkeit anzutreffen sind. Es handelt sich um Äquivalenzen beim Gebrauch von sprachlichen Zeichen, Entsprechungen auf dem Gebiet der Bezeichnung, nicht der Bedeutung, die nicht verallgemeinert werden und vor allem nicht n o r m a t i v verstanden werden dürfen. In einigen für Deutsche verfaßten frz. Schulgrammatiken wird z.B. gefordert, der inhaltliche Unterschied zwischen *passé simple* und *imparfait* müsse im Deutschen unbedingt und in allen Fällen zum Ausdruck gebracht werden. Einer solchen Forderung liegt eine recht naive Auffassung vom Übersetzen zugrunde; sie ernst zu nehmen hieße, umgekehrt auch für das Französische fordern zu müssen, die deutschen Wörter *Blüte* und *Blume* dürften nie einfach durch *fleur* wiedergegeben werden, sondern der im Deutschen gemachte Unterschied müsse auch im Französischen irgendwie zum Ausdruck kommen.

3.4. Einige traditionelle Gesichtspunkte lexikalischer Semantik

In 3.0.1. haben wir gesehen, daß man die Übersetzung, bzw. den systematischen Vergleich von Übersetzungstexten je nach gewähltem Gesichtspunkt als primär syntaktisches oder primär semantisches Problem auffassen kann. Wir weisen auf diesen Punkt nochmals hin, weil wir einiges, was der kritische Leser an dieser Stelle erwarten könnte, erst im nächsten Kapitel behandeln werden. Wir wollen uns hier einigen vorwiegend lexikalischen Problemen zuwenden, wobei wir "lexikalisch" völlig im traditionellen Sinn verstehen, nicht etwa im Sinn der "Lexikoneinträge" der verschiedenen Varianten der TG.

3.4.1. Eine Eigenschaft der menschlichen Sprachen ist in der langen Geschichte der Sprachanalyse immer mit besonderer Aufmerksamkeit zur Kenntnis genommen worden: daß nämlich die Beziehungen zwischen den Wörtern und den Gegebenheiten, die sie bezeichnen können, nicht " e i n e i n d e u t i g " (d.h. in beiden Richtungen nicht eindeutig) sind. Einerseits kann ein und dasselbe Wort verschiedene Bedeutungen haben, andererseits können verschiedene Wörter mehr oder weniger dieselbe Bedeutung haben. Die zuletzt erwähnte Erscheinung nennt man traditionell " S y n o n y m i e " , wir werden gleich noch auf sie zurückkommen. Für das zuerst genannte Phänomen gibt es keinen einheitlich akzeptierten Terminus, weil die Typen von Nichteindeutigkeit in der Richtung vom Zeichen zum Bezeichneten recht unterschiedlich sein können:

a) *"Homophonie"*

Strauß — "autruche" / "bouquet" / "lutte" (veraltet)

louer* — "(ver)mieten" / "loben"

* Bei *louer* liegt Homophonie + Homographie vor, bei der Serie *sot* - *saut* - *seau* - *sceau* nur Homophonie

Homophone werden einschränkungslos als "verschiedene Wörter" anerkannt und erhalten getrennte Einträge in den Wörterbüchern

b) *"Polysemie"*

Blatt — welkes Blatt / loses Blatt feuille — feuille morte / feuille volante

Polyseme Wörter werden nicht einschränkungslos als "verschiedene Wörter" anerkannt und erhalten keine eigenen Einträge in den Wörterbüchern, sondern werden in Untergruppen eines Eintrags zusammengefaßt. Die Abgrenzung zu a) ist schwierig und unbefriedigend, daher lehnen viele Linguisten eine Unterscheidung von a) und b) ab.

c) *"allgemeiner" Gebrauch von Wörtern*

machen — Kaffee machen = Kaffee kochen
machen — einen Kochlöffel machen = einen Kochlöffel schnitzen
machen — Feuer machen = Feuer anzünden

"Allgemeine" Wörter werden nahezu immer als ein und dieselben Wörter angesehen, jedoch werden die unterschiedlichen Verwendungsmöglichkeiten nicht selten als "verschiedene Bedeutungen" im Sinne von b) aufgefaßt.

3.4.1.1. Über die Abgrenzung von Homophonie und Polysemie ist viel diskutiert worden - diese Frage interessiert uns nur am Rande. Den Fall c) haben wir eigens mit aufgenommen, da er von den Lexikographen selten klar vom Fall b) getrennt wird. Wir können unsere Auffassung hier nicht näher begründen und beschränken uns darauf zu behaupten, daß unser Fall c) eine andere Art von Mehrdeutigkeit darstellt als unser Fall b). Welche Konsequenzen haben nun die hier aufgeführten Fälle von Nicht-Eindeutigkeit für die Theorie und Praxis der Übersetzung? Unser Fall a) hat kaum eine Bedeutung in diesem Zusammenhang, es sei denn bei der Übersetzung von Wortspielen. Wortspiele, die auf dergleichen "zufälligem" Gleichklang beruhen - sie kommen in frz. Texten verhältnismäßig häufig vor und heißen "calembours" - kann man allenfalls adaptieren, aber nicht übersetzen. Der Fall b) ist für uns interessanter. Polysemie beruht häufig auf "übertragenem" oder "uneigentlichem" Gebrauch von Wörtern, eine abgekürzte Form des Vergleichs. Statt "Hans ist dumm wie ein Esel" sagt man "Hans ist ein Esel"; diese Art der Verwendung von Wörtern nennt man mit einem aus der antiken Rhetorik stammenden Ausdruck "M e t a p h e r"; Metaphern sind keineswegs etwa nur für die Sprache der Dichter kennzeichnend, sondern kommen in der Umgangssprache überaus häufig vor. Wenn eine solche Metapher innerhalb einer Sprachgemeinschaft so üblich geworden ist, daß ihre Anwendung automatisch erfolgt, so spricht man von "usuellen" oder "lexikalisierten" Metaphern; viele Fälle von Polysemie (aber keineswegs alle) gehen historisch auf solche usuellen Metaphern zurück. Wie unser Beispiel b) zeigt, sind usuelle Metaphern in verschiedenen Sprachen oft in derselben oder zumindest in recht ähnlicher Weise gegeben: vgl. *Nasenrücken : dos du nez, les bouches d'un fleuve : die Flußmündung* etc. Aber gerade hieraus entsteht eine gewisse Gefahr für die Übersetzungspraxis; es sind nicht die extremen Fälle von Polysemie, wie etwa *conduite* 'Leitung', 'Benehmen' (sie nähern sich unserem Fall a), die Anlaß zu Fehlleistungen geben, sondern die unauffälligen: *du blé sur pied* ist nicht **Getreide auf dem Fuß* sondern *auf dem Halm*, eine *Schneedecke* ist nicht **une couverture de neige* (obwohl *schneebedeckt* mit *couvert de neige* wiedergegeben werden kann) sondern *une couche de neige* und *una gamba di sedano* ist kein **Selleriebein* sondern ein *Selleriestengel*.

3.4.1.2. Unser Fall c) würde eine ganz besonders gründliche Untersuchung verdienen, da der Gebrauch "allgemeiner" Wörter in verschiedenen Sprachen kaum untersucht worden ist. Wir haben das Verhältnis von *machen* zu verschiedenen anderen Verben, durch die es gegebenenfalls ersetzt werden, bzw. die es ersetzen kann, in Analogie zu einem beliebigen hierarchisch gegliederten taxonomischen System dargestellt, wie es z.B. in der Botanik oder der Zoologie verwendet wird. *Machen* wäre demnach also eine Art von "Oberbegriff" für verschiedene andere Verben (für Kenner der Problematik sei angefügt, daß die anaphorischen Verwendungsmöglichkeiten von *machen*, also *machen* als "Pro-Form" hier n i c h t gemeint sind). Eine solche Analogie läßt sich jedoch nicht durchweg rechtfertigen, da wissenschaftliche Terminologien und das Lexikon natürlicher Sprachen nur bedingt vergleichbar sind. In der langen Geschichte des wissenschaftlichen und weniger wissenschaftlichen Vergleichens der Möglichkeiten des Französischen und des Deutschen ist oft behauptet worden, daß man im Französischen häufiger "allgemeine" Wörter verwenden könne und müsse als im Deutschen. Wenn wir auch dieser Ansicht nicht vorbehaltlos zustimmen können, so gibt es doch eine Reihe von Indizien dafür, daß die betreffende Behauptung wenigstens teilweise richtig ist; man vergleiche die folgenden Serien:

un *coup* de pied	:	ein Fuß*tritt*
un *coup* de fusil	:	ein Gewehr*schuß*
un *coup* de poing	:	ein Faust*schlag*
un *coup* de couteau	:	ein Messer*stich*
un *coup* de vent	:	ein Wind*stoß* und vieles mehr
mettre une bouteille sur la table	:	eine Flasche auf den Tisch *stellen*
mettre une nappe sur la table	:	eine Decke auf den Tisch *legen*
mettre du sel sur la tartine	:	Salz aufs Brot *streuen*
mettre des chaussures	:	Schuhe *anziehen*
mettre un chapeau	:	einen Hut *aufsetzen* *etc.*

Ähnliche Beispiele, vor allem mit Verben wie *être* gegenüber *sitzen, stehen, liegen* etc.; *aller* gegenüber *gehen, fahren, reiten* etc. lassen sich der einschlägigen Literatur entnehmen. Die semantischen Regeln, die auf diesem Gebiet gelten, sind noch sehr wenig erforscht. So kann man z.B. im Deutschen bei Wahrung der Äquivalenz der Bezeichnung sagen: einen Vorschlag *machen/unterbreiten*; einen

Plan *machen/aufstellen;* ein Loch *machen/graben/bohren;* aber eine Theorie kann man nur *aufstellen,* ein Opfer nur *bringen,* einen Roman nur *schreiben* (die Verhältnisse werden dadurch zusätzlich kompliziert, daß für nicht-resultative Tätigkeiten im Deutschen *tun* verwendet wird). Man sagt im Französischen *"mis en bouteilles"* 'in Flaschen abgefüllt' aber *"verser* du vin dans un verre". Für alle diese Erscheinungen lassen sich zweifellos Erklärungen finden, es gibt jedoch unseres Wissens noch keine zusammenhängende Theorie, die dergleichen Phänomene in befriedigender Weise berücksichtigt. Für transitive Verben gelten dabei in jedem Fall besondere Gesetzmäßigkeiten, da die semantischen Beziehungen zwischen e f f i z i e r t e m (d.h. dem durch die Tätigkeit, die das betreffende Verb bezeichnet, hervorgebrachten) bzw. a f f i z i e r t e m (d.h. dem durch die Tätigkeit, die das betreffende Verb bezeichnet, betroffenen) Objekt und dem dazugehörigen Verb sehr eng sind. (vgl. auch 4.2.2.) So interessant es wäre, auch die "fakultativen" Fälle der Verwendung "allgemeiner" Wörter zu untersuchen (d.h. diejenigen Fälle, in denen eine Möglichkeit der Wahl zwischen "allgemeinerer" und "speziellerer" Darstellung eines Sachverhalts gegeben ist), wir müssen uns aus Platzmangel darauf beschränken, kurz auf die "obligatorischen" Fälle einzugehen, d.h. diejenigen Fälle, in denen eine Sprache mit einiger Regelmäßigkeit eine semantische Unterscheidung trifft, die in einer anderen Sprache nicht gemacht wird. Solche Fälle sind sehr häufig und finden sich meist an weniger exponierten Stellen des Lexikons als im Fall von *faire, être, mettre* etc.:

Dergleichen Erscheinungen kommen natürlich nicht nur im lexikalischen Bereich vor (vgl. unsere Beispiele von imparfait und passé simple in 3.3.1.f) Ihre systematische Erfassung ist nicht Aufgabe der allgemeinen, sondern einer bilingualen (d.h. für zwei bestimmte Sprachen eingerichteten) Übersetzungstheorie. Den Übergang von der Sprache, die den Unterschied macht, zu der, die ihn nicht macht, wollen wir mit G.Jäger "Neutralisation", den umgekehrten Vorgang "Diversifikation" nennen. Wir haben die Erscheinung unserem Fall c) angegliedert, da wir annehmen, daß nicht gemachte Unterschiede nicht auf Polysemie zurückgeführt werden dürfen. Ein Wort der AS braucht also nicht allein schon deshalb polysem zu sein, weil es in ZS-Texten regelmäßig verschiedene Entsprechungen hat.

3.4.2. Kehren wir nun nochmals zum komplementären Aspekt der Nicht-Eindeutigkeit der Beziehungen von Zeichen und Bezeichnetem zurück, zur Synonymie. Auch auf diesem Gebiet ist viel Interessantes zusammengetragen worden, doch ist für uns ein großer Teil der Diskussion um den Synonymiebegriff nur von marginaler Bedeutung. Auf einen bestimmten Gesichtspunkt müssen wir hier jedoch eingehen. Vergleichen wir zunächst die folgenden Wortpaare:

schlafen	dormir	Biene	colère	Frauenarzt	coup de sang
pennen	roupiller	Imme	courroux	Gynäkologe	hémorragie

Der Unterschied, der zwischen den oben angeführten Wörtern besteht, wird gewöhnlich nicht als Bedeutungsunterschied, sondern als "stilistischer" Unterschied aufgefaßt, d.h. die Wörter unterscheiden sich durch die Evokation der unterschiedlichen Umgebungen, in denen man sie gewöhnlich antrifft. *Pennen* und *roupiller* sind "weniger korrekt" als *schlafen* bzw. *dormir*; *Imme* und *courroux* sind gegenüber *Biene* und *colère* "altertümlich" und damit für einige Sprecher möglicherweise "poetisch"; *Gynäkologe* und *hémorragie* sind "fachsprachlich" gegenüber den "allgemeinsprachlichen" Wörtern *Frauenarzt* und *coup de sang*. In der sprachwissenschaftlichen Semantik spricht man in diesem Zusammenhang von unterschiedlicher K o n n o t a t i o n bei identischer D e n o t a t i o n, eine Unterscheidung, die gelegentlich mit der von Intension und Extension verwechselt wird. Wir haben die beiden Begriffe hier nur aus Gründen der Systematik der Darstellung eingeführt und werden im 6. Kapitel nochmals auf sie zurückkommen.

3.4.3. Schließlich müssen wir noch auf ein Problem der konfrontativen Lexikographie zu sprechen kommen, das für die Praxis des Übersetzens besonders wichtig ist, auf die sogenannten " f a u x a m i s ". Die Konvergenz der modernen Zivilisationssprachen hat zu einem regen Austausch und zu gegenseitiger Anpassung auf lexikalischem Gebiet geführt; schon seit dem späten Mittelalter wurde das Lexikon vieler europäischer Sprachen durch eine Menge von Wörtern griechischen und lateinischen Ursprungs bereichert. Auf diese Weise hat sich in den verschiedensten Sprachen eine beträchtliche Anzahl von Wörtern herausgebildet, die sich zumindest in der Graphie, in etwas geringerem Maße auch in ihrer Lautgestalt so weit ähneln, daß sie über die Sprachgrenzen hinweg verstanden werden können. Diese Übereinstimmungen sind jedoch keineswegs zuverlässig; es treten eine Reihe von Abweichungen auf, die besonders leicht zu Übersetzungsfehlern führen. Viele praktische Handbücher geben Listen solcher trügerischer Äquivalente, die man mit einem ursprünglich scherzhaft gemeinten, heute zum Fachterminus gewordenen frz. Ausdruck "faux amis" nennt. Dabei lassen sich mindestens drei Typen unterscheiden:

a) Keine, oder geringe Bedeutungsunterschiede, aber formale Unterschiede, die leicht übersehen werden:
théologien : Theologe; angliciste : Anglist; chauvin : Chauvinist

b) der Bedeutungsumfang ist in der einen Sprache größer als in der anderen:
intriguer zwar 'intrigieren' aber auch 'beunruhigen, neugierig machen'
dénoncer zwar 'denunzieren' aber auch 'anprangern'

c) Der Bedeutungsumfang deckt sich nur zum Teil, oder es besteht überhaupt keine Gemeinsamkeit der Bedeutung; in jedem Fall hat jedes der beiden Wörter Anwendungsmöglichkeiten, die das andere nicht kennt:

'Abhandlung'	:	dissertation	-	Dissertation	:	'thèse(de doctorat)'
'Turnhalle'	:	gymnase	-	Gymnasium	:	'lycée'
'Laune'	:	fantaisie	-	Phantasie	:	'imagination'
'behindert'	:	impotent	-	impotent	:	'impuissant'
'ausschweifend'	:	luxurieux	-	luxuriös	:	'luxueux'

Die in den äußeren Kolonnen angegebenen Bedeutungen sind natürlich nur als Hinweise, nicht als einzig mögliche Entsprechungen zu verstehen.

3.5. Literaturhinweise

Zu 3.
Bünting, Einführung, Kap. 5, Semantik, S.160-190
Lyons, Introduction, Kap. 9, Semantics, S.400-443
Wandruszka, Sprachen, Vorwort, S.7-11 (zum Übersetzungsvergleich)

Zu 3.1.
Wunderlich, Pragmatik, in toto (37 Seiten)
Für besonders Interessierte:
Searle, Sprechakte, I. Teil, Kap. 1-3, S.11-113
Albrecht, Monsieur (in toto) (15 Seiten) (zu den Anredeformen)

Zu 3.2.
Bocheński, Denkmethoden, Bezeichnung und Bed., S.58-59
Seiffert, Wissenschaftstheorie 1, "Inhalt" und "Umfang" eines Prädikators, S.42-46
Frege, Bedeutung (in toto) (26 Seiten)
Coseriu, Bed. u. Bez. (in toto) (18 Seiten)
Brekle, Semantik, Kap. 4.2., S.54-66
Rohrer, Sprachwissenschaft, Bez. und Bed. in der TG, S.88-99

Zu 3.3.
Malblanc, Stylistique, Introduction 4. "La transposition", S.27 und Schema S.35; Agencement § 104 S.134-135
Bausch, Transposition (in toto) (22 Seiten)
Lyons, Introduction, spez. 9.5., S.435-442
Brekle, Semantik, Kap. 5.2., S.85-88
Wandruszka, Sprachen, Kap. 6 (Suffixe) S.85-98

Zu 3.4.
Malblanc, Stylistique, §§ 37-43, S.66-76
Jäger, Übersetzungswissenschaft (in toto) (14 Seiten)
Bloomfield, Language, Chap. 9.9. - 9.11., S.151-157
Wandruszka, Interlinguistik, Kap. 7.5., S.132-133 ("faux amis")
Klein, Schwierigkeiten (zur Konsultation bei entsprechenden Fragen)
Truffaut, Stylistique, 11e partie, faux amis, S.116-119

Für besonders Interessierte:
Albrecht, Langue abstraite, Kap. III,2, "Extension und Abstraktion", S.137-214

3.6. Übungen

3 - 1 a) Wie wird der "schiefe Turm" (von Pisa) im Französischen und Italienischen bezeichnet? Suchen Sie weitere Beispiele vom Typ unserer Tripel (xiv) - (xvi), gegebenenfalls aus anderen Sprachen.

b) Analysieren Sie die Beispiele (xiv) - (xvi) bzw. Ihre eigenen Beispiele genauer: Welche Erscheinung, die bei allen unseren und bei dem Beispiel von Frege vorliegt, macht es möglich, daß "die unterschiedliche Art des Gegebenseins" ohne nähere semantische Untersuchungen behauptet werden kann? Gehen Sie dabei von umgangssprachlichen Erklärungen aus wie: "Die Franzosen sagen zu "Streichquartett" "Quartett für Saiten" etc.

3 - 2 Schlagen Sie in 3.4.3. nochmals die unter b) angegebenen Beispiele nach. Welche der beiden Verben, die französischen oder die deutschen, haben nach unserer in 3.2. eingeführten Terminologie den "reicheren" Inhalt?

3 - 3 a) Zeigen Sie, daß die in (xvii) vorkommenden Verben nicht durchgehend dieselben Verwendungsmöglichkeiten haben.

b) Übersetzen Sie ins Französische:
Er ging langsam, denn die Straße war glatt
Er geht für ein Jahr nach Paris
Ich fahre mit dem Zug dorthin
Suchen Sie selbst - evtl. im Übersetzungsvergleich - Beispiele auf dem Gebiet der Verben der Fortbewegung und versuchen Sie, Ihre Beobachtungen systematisch darzustellen.

3 - 4 a) Die Leute eilten vorüber
Les gens passaient à pas pressés
Er schwamm durch den Fluß
Il traversa la rivière à la nage
La discussion ne respectait plus le jeu
Sie diskutierten, ohne Rücksicht auf das Spiel zu nehmen

b) Je n'en ai pas fini, il faut continuer
Ich bin noch nicht zu Ende, ich muß weitermachen
Ce que je faisais valait-il la peine d'être continué?
War das, was ich tat, überhaupt wert, weitergeführt zu werden?
Ma vie continua comme si rien n'était changé
Mein Leben ging weiter, als ob sich nicht geändert hätte

Analysieren Sie die unter a) und b) aufgeführten Beispiele getrennt in der Art, wie sie in 3.0.1. vorgeführt wurden (natürlich nur an den uns hier interessierenden Punkten) Welche Beobachtungen machen Sie?

3 - 5 In einem Handbuch zur deutsch-französischen Übersetzung wird im Zusammenhang mit dem Problem der "faux amis" folgendes Beispiel einer "richtigen" Übersetzung gegeben:
Ein solcher Fehler hätte ihm nicht passieren dürfen
Une telle faute n'aurait pas dû lui échapper
Vor welcher Verwechslung wollte der Autor warnen, und welcher Irrtum ist ihm selbst unterlaufen?

4. SYNTAGMATISCHE ASPEKTE DER ÜBERSETZUNG

In der Einleitung zum vorhergehenden Kapitel sind wir auf die Abgrenzung von semantischen und syntaktischen Gesichtspunkten bei der Übersetzung eingegangen. Wir knüpfen nun am entsprechenden Punkt unserer Überlegungen an. Unter "syntaktischen Problemen" verstanden wir die "unterschiedliche Anordnung der Elemente in AS- und ZS-Sätzen" (vgl. 3.0.1.) "Syntagmatisch" bedeutet in der hier verwendeten Terminologie nichts weiter als "die Anordnung der Elemente betreffend"; unter "Syntagma" wollen wir jedes Textsegment verstehen, das größer als ein Wort aber kleiner als ein Satz ist, ganz gleichgültig, ob es sich dabei um ein gemäß der traditionellen syntaktischen Analyse vollständiges Satzglied handelt oder nicht. (Zu paradigmatisch vs. syntagmatisch vgl. Literaturhinweise)

4.1. "Wörtliche" vs. "freie" Übersetzung

Was eine "wörtliche" von einer "freien" Übersetzung unterscheidet, scheint so evident zu sein, daß die betreffende Dichotomie in vielen Arbeiten zur Übersetzungstheorie nicht problematisiert wird, sondern als Ausgangspunkt weiterführender Erörterungen dient. Unter einem sehr allgemeinen Gesichtspunkt betrachtet gehören die Fragen, mit denen wir uns hier zu beschäftigen haben, ins 1. und 2. Kapitel; denn wenn wir einmal anerkannt haben, daß verschiedene Grade von "Freiheit" bei der Übersetzung von Texten denkbar und zulässig sind, so müssen wir auch in der Frage der "Korrektheit" bzw. "Inkorrektheit" von Übersetzungen Konzessionen machen, deren Tragweite sich gar nicht leicht abschätzen läßt. Das Problem dürfte jedem, der schon einmal übersetzt hat, und jedem, der schon einmal Übersetzungsleistungen zu bewerten hatte, wohl vertraut sein. Im großen und ganzen kann man davon ausgehen, daß der Grad der anzustrebenden "Freiheit" vom Zweck der Übersetzung und somit von pragmatischen Erwägungen abhängt. Eine Interlinearversion und eine "Nachdichtung" - die beiden Extrempunkte auf der Skala zwischen "wörtliche" und "frei" - haben beide ihre Berechtigung, werden aber unter bestimmten Bedingungen nicht als angemessene Übersetzungsleistungen anerkannt.

4.1.1. Wir können uns natürlich nicht damit begnügen, so weit verbreitete Kategorien der Bewertung von Übersetzungen wie "frei" und "wörtlich" völlig ungeklärt zu übernehmen. Die beste Methode, zu präziseren Bestimmungen auf diesem Gebiet zu gelangen, ist die, der wir uns zu anderen Zwecken schon in 3.0.1. bedient haben: die Segmentierung von Paaren von AS- und ZS-Sätzen nach dem Kriterium der direkten Entsprechung bzw. die Segmentierung von AS-Sätzen nach den üblichen Kriterien und die Ermittlung der potentiellen Äquivalente in der ZS. Bei der zuletzt genannten Operation stößt man allerdings auf einen Aspekt der Kategorie "wörtlich", der nach unseren hier angewandten Kriterien als semantisches Problem zu betrachten ist und der auch bereits im vorigen Kapitel (vgl. 3.4.1.1.) erwähnt wurde: die (in der Praxis häufig auf unzureichender Kenntnis der AS beruhende) unangemessene Nachahmung metaphorischer Verwendung von Wörtern; wir geben nur ein Beispiel für eine große Zahl möglicher Fälle:

A *vol d'oiseau* il n'y a que deux kilomètres (i a)
Im *Vogelflug* sind es nur zwei Kilometer (i b)
statt *Luftlinie*

Unser Beispiel (i) betrifft aber nur einen kleinen Teil dessen, was man gewöhnlich unter "wörtlicher" bzw. "zu wörtlicher" Übersetzung versteht. Um den anderen Aspekt klar hervortreten zu lassen, wollen wir den Ausdruck "wörtlich" nun wirklich "beim Wort" nehmen und folgendermaßen interpretieren: Eine "wörtliche" Übersetzung muß die Bedingung erfüllen, daß jeder Einheit des AS-Textes, die nach den für die AS üblichen Kriterien der Beschreibung "Wort" genannt wird, im ZS-Text eine ebensolche Einheit zugeordnet werden kann. Danach würde sich für unser Segment 6 in (i) im vorhergehenden Kapitel folgende Übersetzung ergeben (keineswegs die einzig denkbare, die die oben genannte Bedingung erfüllt):

A/ votre/ sortie de prison
Bei/ Ihrem/ Gefängnisherausgehen (ii),

wobei wir einmal annehmen wollen, daß wir korrekt vorgegangen sind, wenn wir der frz. Fügung mit *de* (ohne Artikel) ein Kompositum und keine präpositionale Fügung zugeordnet haben. Man kann das Prinzip der gleichen Segmentierung auch noch bis zur untersten Grenze ausdehnen, die bei der Ebene der Morpheme erreicht ist:

Sie zog mit der rechten Hand ihre Schreibtischschublade auf
Elle tira de la main droite sa caisse à pousser de la table
à écrire ouvert(e) (iii)

Unser Beispiel soll das Verfahren nur andeuten; der Einfachheit halber wurden nur Wortbildungsmorpheme, keine Konjugations- bzw. Deklinationsmorpheme berücksichtigt, außerdem wurden Unterschiede der Anordnung zugelassen. Die Beispiele

(ii) und (iii) lassen vermuten, daß der Grad an Akzeptabilität der ZS-Sätze umso geringer sein wird, je stärker die AS-Sätze vor der "Übersetzung" segmentiert wurden; vergleichen wir "normale" Übersetzungen gemäß der zuerst beschriebenen Operation auf die Größe der Segmente hin, die als direkte Entsprechungen angesehen werden können, so stoßen wir gelegentlich auf Ketten von beträchtlicher Länge, z.B.

/installer le loup dans la bergerie/
/den Bock zum Gärtner machen/ etc. (iv)

Übersetzungen, bei denen wie in (ii) und (iii) vorgegangen wird, kann man mit Catford "ranggebundene" (rank-bound) Übersetzungen nennen. Sie zeichnen sich dadurch aus, daß der AS-Text vor der Übertragung nach den Kriterien der Analyse der AS segmentiert wird und dann jedem AS-Segment ohne übergeordnete Rücksichten ein ZS-Segment zugeordnet wird - ob dabei die Reihenfolge der Elemente beibehalten wird oder nicht, ist in diesem Zusammenhang ziemlich nebensächlich. Die "ranggebundene" Übersetzung ist nicht nur eine Spielerei für Linguisten; sie kann unter bestimmten Umständen nützlich sein (vgl. 7. Kapitel). Die Auseinandersetzung mit dem Prinzip der ranggebundenen Übersetzung gestattet uns nun auch, die Kategorien "frei" und "wörtlich" näher zu bestimmen, soweit sie den syntagmatischen Aspekt der Übersetzung betreffen. "Frei" und "wörtlich" sind relative Begriffe; eine Übersetzung ist umso "freier", je mehr übergeordnete Überlegungen bei der Zuordnung der Segmente der beiden Texte eine Rolle gespielt haben, sie ist umso "wörtlicher" je stärker sie sich einer "ranggebundenen" Übersetzung auf Wortebene nähert. Im strengen Sinne ranggebunden über längere Abschnitte hinweg sind im allgemeinen auch die Übersetzungen nicht, die man umgangssprachlich als "wörtlich" bezeichnet oder als "zu wörtlich" kritisiert.

4.1.2. Brauchbare zweisprachige Lexika berücksichtigen bis zu einem gewissen Grade die Bedürfnisse der nicht ranggebundenen Übersetzung und liefern in der Regel eine Menge von Äquivalenten, die oberhalb der Wortebene liegen. Jedoch gibt es kein zweisprachiges Lexikon, dem die benötigten Äquivalente in allen denkbaren Fällen "fertig" zu entnehmen wären; das gilt auch für die zweisprachigen Satzlexika. Die meisten Autoren von Handbüchern zu Übersetzungsproblemen sehen daher auch auf diesem Gebiet ihre Hauptaufgabe. Stärker theoretisch orientierte Werke begnügen sich in der Regel damit, jeweils treffende Beispiele für eine ausgeklügelte Typologie der möglichen Entsprechungen anzugeben, stärker auf die Praxis ausgerichtete Werke legen weniger Wert auf eine in allen Punkten haltbare Klassifikation, sondern bemühen sich, durch Auflistung von Beispielen dem Übersetzer zur Hand zu gehen. Catford nennt alle Abweichungen vom Prinzip der ranggebundenen Übersetzung - so wie sie in "natürlichen" Übersetzungen in großer Zahl vorkommen - "translation shifts" und unterscheidet eine ganze Reihe von Untertypen. Malblanc geht von einem allgemeineren Klassifikationsprinzip aus, und spricht von "procédés de traduction"; er klassifiziert sie nach gemischt pragmatisch-semantisch-syntaktischen Kriterien und gibt 7 Typen an (vgl. Literaturhinweise zu 3.3.) Einen dieser Typen, die "Transposition", haben wir unter einem anderen Gesichtspunkt schon in 3.3.1. vorgestellt. Wie sehr die Aufgabe des Übersetzens doch als eine Operation verstanden wird, die idealiter ranggebunden "von Wort zu Wort" vorzunehmen ist, zeigt die Aufmerksamkeit, die dem Problem des "fehlenden Wortes", das "umschrieben" werden muß, gewidmet wird. Wir denken hier nicht an das Wort, das dem Kandidaten im Examen fehlt, weil er kein Wörterbuch benützen darf und sich so genötigt sieht, *"Adler"* mit *"grand oiseau"* zu umschreiben; die daraus resultierenden komischen Effekte wären eine eigene Untersuchung wert. Wir denken auch nicht an die in 1.3. besprochenen Probleme, die sich aus der Verschiedenheit des kulturellen Hintergrundes ergeben und noch nicht einmal an die in 1.2. und an anderer Stelle immer wieder erwähnte Tatsache, daß die inhaltliche Kongruenz zweier Wörter aus verschiedenen Sprachen als die Ausnahme, nicht als die Regel angesehen werden muß. Wir wollen uns hier nur mit dem in 3.3.1. bereits erwähnten Fall befassen, daß auch bei guter inhaltlicher Übereinstimmung zweier Lexeme aus verschiedenen Sprachen der Bestand an dazu gehörigen Ableitungen sehr unterschiedlich sein kann. *"Lesen"* und *"lire"* sind sehr gute Äquivalente, aber das frz. nomen actionis *"lecture"* existiert im Deutschen nur als Fremdwort, das nicht in derselben Weise verwendbar ist, so daß für *"j'adore la lecture"* nicht die "wörtliche" Übersetzung, sondern eine Transposition wie *"ich lese sehr gern"* als angemessenes Äquivalent anzusehen ist; *"Mutter"* und *"mère"* sind ebenfalls sehr gute Äquivalente, aber eine Verbalableitung wie *"bemuttern"* gibt es im Französischen nicht; ein gutes zweisprachiges Lexikon wie Weis/Mattutat hält für einen solchen Fall gleich eine "fertige" Umschreibung bereit: *"entourer de soins maternels"*. Allerdings liegt auch in diesen "fertigen" Umschreibungen eine gewisse Gefahr, da hier selten klar zwischen metasprachlicher, quasi enzyklopädischer Worterklärung und Angabe einer brauchbaren Textäquivalenz getrennt wird. In einigen Fällen lassen sich allgemeingültige Regeln formulieren; so stellt das Auftreten von substantivierten Verben in deutschen Texten nahezu immer ein gewisses Problem bei Übersetzungen ins Französische (nicht in die übrigen romanischen Sprachen) dar; Standardlösungen sind nomina actionis (soweit vorhanden), finite Konstruktionen, Adaptatoren wie *"le fait de"* und einiges mehr.

4.2. Beschränkungen der syntagmatischen Kombinierbarkeit.

Wie werden korrekte Sätze einer Sprache gebildet? Bevor wir uns mit dieser Frage an die Linguisten wenden, wollen wir unsere gängigen Vorstellungen zu diesem Punkt überprüfen: Da ist einmal der Wortschatz, der die Beziehungen zwischen Sprache und dem, über das gesprochen wird, vermittelt; dazu tritt dann die "Grammatik", die die korrekte Verkettung (Konkatenation) der Wörter zu Sätzen garantiert. In diese Aufgabe teilen sich zwei Disziplinen unserer traditionellen Grammatiken, die "Formenlehre" und die "Satzlehre"; wie das gesamte Gebiet unter diesen beiden Disziplinen aufgeteilt wird, soll uns hier nicht beschäftigen. Die "Grammatik" in dem hier eingeführten Sinn verhindert zweifellos das Zustandekommen inkorrekter Sätze wie "**Ich haben leihen Herr Schmidt der Buch*" (v) und vieler anderer Sätze ähnlicher Art. Sie läßt aber folgende Sätze zu:

*Blonde Stoffe kleiden blonde Mädchen schlecht (vi)
*Sa témérité avait quelque chose d'aquilin (vii)
*Er ging mit der Bahn zu seiner Schwiegermutter (viii)
*En partant il emporta sa petite soeur avec lui (ix)

Man müßte die Reihe ähnlicher Sätze noch beträchtlich fortsetzen, wenn man nur für jeden Typ von "Inkorrektheit" der hier zu besprechenden Art ein Beispiel angeben wollte. Der Zusammenhang mit dem Problem der Übersetzung wird sofort klar, wenn man sich die Beispiele (vii) - (ix) daraufhin ansieht; sie könnten von Anfängern mit Hilfe eines schlechten Lexikons aus dem Deutschen bzw. dem Französischen übersetzt worden sein. Wer etwa den korrekten deutschen Satz "*Seine Kühnheit hatte etwas Adlerhaftes*" (vii a) ins Französische übersetzen möchte und findet unter dem entsprechenden Stichwort eine schlichte Wortgleichung *adlerhaft - aquilin* ohne weiteren Kommentar, wird möglicherweise (vii) bilden; Entsprechendes gilt für die übrigen Fälle. Wir wollen uns davor hüten, zu spezielle Erklärungen für die in (vi) - (ix) auftretenden Abweichungen anzubieten. Als gemeinsamen Nenner für die Inkorrektheit der oben angeführten Sätze wollen wir die Unverträglichkeit jeweils zweier in ihnen vorkommender Wörter annehmen; man sagt nicht "*blond*" von Stoffen, auch wenn sie genau die Farbe von blondem Haar haben sollten etc.

4.2.1. Auf unsere zu Anfang des Kapitels gestellte Frage, wie korrekte Sätze einer Sprache gebildet würden, kann und muß man natürlich weit präzisere Antworten geben, als die, die wir oben zu geben versucht haben. Die Anhänger der TG sind von Anfang an mit sehr weitgehenden Ansprüchen in dieser Frage aufgetreten und haben der traditionellen Grammatik und auch der klassischen strukturalistischen Linguistik z.T. mit Recht vorgeworfen, sie könnten die Fähigkeiten und Leistungen eines kompetenten Sprecher-Hörers nicht explizit beschreiben. Sätze wie (vi) - (ix) sollen natürlich von einer TG nicht erzeugt werden. Aus diesem Grund wird das gesamte Lexikon mit Hilfe der sogenannten "Subkategorisierung" einer semantico-syntaktischen Feinklassifikation unterworfen, die in die Basiskomponente in Form verschiedener Arten von Subkategorisierungsregeln eingeht. Diese Regeln sind in einer bestimmten Reihenfolge unmittelbar nach den kategorialen Regeln vom Typ S → NP+VP (wir folgen im allgemeinen der von Bechert u.a., Einführung, verwendeten Notation) anzuwenden und sollen das Zustandekommen bestimmter lexikalischer Kombinationen in den terminalen Ketten von Anfang an verhindern. (In einer neueren Variante soll derselbe Zweck durch den Umbau der Lexikonregeln erreicht werden) Der Einbau der Selektionsbeschränkungen, so wie er im Aspects-Modell von 1965 vorgenommen wurde, kann u.E. als gescheitert angesehen werden und zwar aus verschiedenen Gründen, von denen wir hier nur zwei nicht-technische anführen wollen: a) Die Regeln sind zu starr und operieren ohne Rücksicht auf einen übergeordneten pragmatischen Rahmen. So verhindern sie z.B. die harmlosesten Fälle metaphorischer Verwendung von Wörtern; ein Substantiv wie "*Wald*" mit den Merkmalen [-Abs, -Kontin, -Bel, -Hum] kann nicht die Subjektsposition in Verbindung mit Verben wie "*schweigen*" einnehmen, ein Satz wie *"der Wald steht schwarz und schweiget"* ist also als abweichend zu betrachten. b) Die Regeln sind in ihrer Starrheit inkonsequent, sie verhindern zwar ohne weiteres Sätze wie *"Hans hat das Klavier nicht lange genug gekocht"* jedoch nicht *"Hans hat eine Freundin mit Haaren"*, obwohl beide Sätze unter sehr ähnlichen Bedingungen unzulässig bzw. zulässig wären (vgl. Coseriu, Bed. u. Bez.). Es wäre wahrscheinlich angemessener, das, was die nicht-strikten Subkategorisierungsregeln leisten sollen, einer der eigentlichen "Grammatik" vorgeschalteten pragmatischen Komponente anzuvertrauen (vgl. 3.1.).

4.2.2. Ein großer Teil der mit den Selektionsbeschränkungen der TG verbundenen Problematik hat für unsere "oberflächenbezogenen" Überlegungen zu Problemen der Übersetzung keine Relevanz, weil die betreffenden Beschränkungen oft übereinzelsprachliche Geltung haben: wenn *"der Hund bewundert Norbert"* wirklich ein ungrammatischer Satz sein soll, dann ist auch *"le chien admire Norbert"* ein ungrammatischer Satz. Schwierigkeiten ergeben sich nur bei guter semantischer Kongruenz zweier verschiedensprachiger Wörter und unterschiedlichen Selektionsbeschränkungen: *"manger"* und *"essen"* sind gute Äquivalente, jedoch ist *"le chien mange une saucisse"* ein völlig normaler, *"*der Hund ißt eine Wurst"* dagegen ein abweichender Satz, da im Deutschen das Merkmal [+Hum] bei Substantiven in Subjektsposition in Verbindung mit Verben, die die Nahrungsaufnahme bezeichnen, selegierend wirkt, im Französischen dagegen nicht. Die Anhänger der sogenannten "strukturellen Semantik", die in der Frage des Zustandekommens korrekter Sätze mit sehr viel weniger weitreichenden Ansprüchen auftreten als die Transformationalisten, verwenden in ihrem theoretischen Instrumentarium einen Begriff, der der Subkategorisierung der TG in mancher Hinsicht äquivalent ist: die "Klasseme" bzw. die durch sie definierten "lexikalischen Klassen". Inhaltsunterscheidende Züge lexikalischer Einheiten heißen in dieser Terminologie "Seme", inhaltliche Züge, die dieselbe Distribution einer Reihe von lexikalischen Einheiten bewirken, heißen "Klasseme". Es wird bei dieser Unterscheidung offen gelassen, ob nicht möglicherweise alle Seme gleichzeitig Klasseme sind. Die deutschen Verben *"fressen"* und *"saufen"* enthalten z.B. das Klassem "bezieht sich auf die Klasse der Tiere", das auch in *"Maul"* gegenüber *"Mund"* enthalten ist. Die Klasseme sind jedoch ausschließlich als Mittel einer Art von Subkategorisierung aufzufassen, sie sollen in keine erzeugende Komponente eingehen und dort Selektionsbeschränkungen bewirken. Daher sind Sätze wie *"Hans frißt zuviel"* oder *"Hans hat ein großes Maul"* aus der Sicht der strukturellen Semantik auch nicht ungrammatisch, ja nicht einmal Sätze wie *"er hat ein junges Hemd gekauft"* (x a) oder unsere Beispiele (vi) - (ix), denn es kann immer Ausdrucksabsichten geben, die einen derartigen Satz rechtfertigen. "Inkorrekt" in dem Sinn, in dem wir diesen Ausdruck hier verwenden wollen, wäre (x a) nur dann, wenn der Sprecher sagen w o l l t e : *"er hat ein neues Hemd gekauft" (x b)*. Wir wollen uns diese Auffassung zu eigen machen und ausdrücklich darauf hinweisen, daß Abweichungen der hier geschilderten Art in AS-Sätzen bei der Übersetzung respektiert und nicht etwa in den ZS-Sätzen "verbessert" werden dürfen.

4.2.2.1. Unterschiede in klassematischer Hinsicht zwischen dem Französischen und dem Deutschen treten besonders auf dem Gebiet des Verbums auf; viele Fälle, auf die wir in 3.4.1.2. hingewiesen haben, können teilweise auch unter diesem Gesichtspunkt betrachtet werden. Einer der wichtigsten klassematischen Unterschiede bei den Verben ist aus der traditionellen Grammatik wohlbekannt; je nachdem, ob ein Verb ein direktes Objekt nach sich haben kann oder nicht, spricht man von transitiven oder intransitiven Verben. Nahezu ein consensus omnium besteht hinsichtlich der Annahme, daß der Terminus "transitiv" zu allgemein ist und daher durch weitere Kategorien aufgeteilt werden muß; denn direkte Objekte stehen in recht unterschiedlichen Relationen zu ihren Verben. (vgl. 3.4.1. und Übungsteil) Was aber die allgemeine Unterscheidung betrifft, stößt man auf recht abweichende Ansichten. Einige Autoren scheinen der Ansicht zu sein, daß die Unterscheidung exklusiv ist, daß ein Verb nur entweder transitiv oder intransitiv sein könne. Viel mehr Verben, als gemeinhin angenommen wird, verhalten sich jedoch der Unterscheidung gegenüber neutral. *"Geben"* und *"lieben"* werden z.B. in der Regel als transitive Verben bezeichnet, weil sie direkte Objekte nach sich haben k ö n n e n und möglicherweise, weil die Frequenz ihrer Verwendung mit direkten Objekten ungleich viel höher ist, als die ihrer absoluten Verwendung. Sätze wie *"Geben ist seliger denn Nehmen"* oder *"glücklich allein ist die Seele, die liebt"* sind jedoch deshalb nicht ungrammatisch. In den Arbeiten zur TG, wo die betreffende Unterscheidung als sogenannte "strikte" Subkategorisierung behandelt wird, werden häufig Sätze als ungrammatisch ausgegeben, die es u.E. keineswegs sind; Sätze wie das obenstehende Goethezitat müßten evtl. als "Oberflächenstrukturen" aufgefaßt werden, in denen ein direktes Objekt "getilgt" wurde - die traditionelle Grammatik nennt dergleichen Erscheinungen "Ellipsen". Zweisprachige Wörterbücher werden umso brauchbarer, je genauer sie Fälle von transitiven und intransitiven Verwendungsmöglichkeiten der Verben aufführen; Lexika, die keinerlei Angaben in dieser Hinsicht enthalten, sind, so billig sie sein mögen, allenfalls als Verständigungshilfe für Touristen zu gebrauchen.

4.2.2.2. Für die Übersetzungspraxis sind folgende allgemeinen Regeln wichtig:
a) Wird eine lexikalische Einheit der AS, die sich hinsichtlich einer bestimmten klassematischen Differenz neutral verhält, in ZS-Texten durch Einheiten wiedergegeben, die sich in dieser Hinsicht nicht neutral verhalten, so muß eine Diversifikation vorgenommen werden:

{die kleine Schwester / ein Andenken} mitnehmen — emmener la petite soeur / emporter un souvenir (xi a)

{le chien / Jean} mange (une saucisse) — der Hund *frißt* eine Wurst / Hans *ißt* eine Wurst (xi b)

b) Liegt der umgekehrte Fall vor, so darf und s o l l in der Regel eine Neutralisation vorgenommen werden, d.h. man soll den klassematischen Unterschied, der die Wahl der zur Verfügung stehenden AS-Einheiten determiniert, im ZS-Text nicht künstlich nachbilden:

komm rauf! / *reich* mir das Buch rauf — monte! (- moi le livre!) (xii a)

in den Keller hinunter*gehen* / etwas in den Keller hinunter*bringen* — descendre (qc) à la cave (xii b)

4.2.3. Ein weiteres Problem muß im Zusammenhang mit der Beschränkung der syntagmatischen Kombinierbarkeit wenigstens erwähnt werden: die "festen Fügungen", die "idiomatischen Redensarten" und als Grenzfall die Sprichwörter. Ein Musterbeispiel für "feste Fügungen" sind die Verbindungen von sogenannten "Funktionsverben" und ihren Scheinobjekten, also Syntagmen wie *Feststellungen treffen* (neben *feststellen) Bericht erstatten (berichten), Befehl erteilen (befehlen)* und vieles mehr. Will man solche Syntagmen in logische Formeln übertragen, so wird es sich in der Regel empfehlen, sie wie einfache Prädikate zu behandeln. Für "*H*ans *b*rachte den *P*lan zur *A*usführung" schreibt man A(h,p) und nicht *B(h,p,a). Ähnliches empfiehlt sich gelegentlich bei der Übersetzung: "*ein Gedicht zum Vortrag bringen*" = "*réciter une poésie*" etc. Was nun die eigentlichen "idiomatischen Wendungen" betrifft, so können wir uns auf einige allgemeine Hinweise beschränken: Idiomatische Redensarten unterscheiden sich von "normalen" Konstruktionen durch eine Reihe von Eigenschaften, u.a. dadurch, daß sie syntaktische Abweichungen aufweisen (*il gèle à pierre fendre, sans coup férir*), keinerlei Modifikatoren zulassen (**baisser son pavillon, *prendre la clef des champs de blé*), Elemente enthalten, die nur noch in der betreffenden Wendung vorkommen (*au fur e t à m e s u r e , c h e r c h e r noise*), oder die darin eine vom üblichen Gebrauch abweichende Bedeutung haben (*p l u s m o r t q u e vif* statt *vivant, n e p a s s e s e n t i r d a n s s o n assiette*, also 'Sitz', 'Sattel' statt 'Teller'). Alle diese Wendungen müssen bei der Übersetzung in der Weise behandelt werden, die wir aus dem Fremdsprachenunterricht kennen, d.h. sie dürfen nicht analysiert werden, sondern müssen, wie in unserem Beispiel (iv) im ZS-Text en bloc wiedergegeben werden. Idiomatische oder "lexikalisierte" Wendungen gehören zu den wenigen Problemen, die bei der Übersetzung in die Muttersprache (version) größere Schwierigkeiten machen als bei der Übersetzung in die fremde Sprache (thème). Eine gewisse Kenntnis von Redensarten und Sprichwörtern ist für die Übersetzungspraxis unumgänglich; auch bei der MT wird man nicht umhinkönnen, dem Speicher des Rechners neben dem Wortschatz auch eine Reihe von festen Wendungen einzugeben.

4.3 "Oberflächenstruktur" vs. "Tiefenstruktur"

Auf den folgenden Seiten muß ein außerordentlich komplexes Thema unter einem sehr allgemeinen Gesichtspunkt behandelt werden, und dies nicht nur aus den üblicherweise zur Entschuldigung krasser Verallgemeinerungen vorgeschobenen Gründen der räumlichen Beschränkung, sondern auch technischer Schwierigkeiten halber: die Entwicklung auf dem Gebiet der TG verläuft noch so schnell und nimmt noch so unerwartete Wendungen, daß nur ein kleiner Kreis von Eingeweihten, zu dem sich Vf. der vorliegenden Seiten nicht zählen darf, über den gerade aktuellen

Stand der Diskussion informiert ist. Kenner der Materie mögen den Mangel an technischen Details in unseren Ausführungen entschuldigen, Leser, die überhaupt nicht, oder nur sehr wenig mit der TG vertraut sind, seien auf die Literaturhinweise verwiesen.

4.3.1. Die Unterscheidung von "Oberflächenstruktur" und "Tiefenstruktur" geht - historisch gesehen - auf rein technische Überlegungen zurück. Auf der Suche nach geeigneten Modellen, die, ähnlich wie die sogenannten "abstrakten Automaten" in der Mathematik, in der Lage sein sollten, ganz bestimmte Ketten von Elementen und nur diese zu erzeugen (auf die Linguistik angewendet: sämtliche korrekten Sätze einer natürlichen Sprache und nur diese) hatten Chomsky und seine Mitarbeiter die sogenannte Phrasenstruktur- oder Konstituentenstrukturgrammatik entwickelt, die Sätze in der Weise erzeugt und gleichzeitig mit einer Strukturbeschreibung versieht, wie sie in der Analyse nach unmittelbaren Konstituenten (IC-analysis) zerlegt werden. Phrasenstrukturgrammatiken können - vor allem wenn sie kontextsensitiv arbeiten, eine Menge von Sätzen erzeugen; es gibt aber Konstruktionen, die sich mit ihrer Hilfe nur sehr umständlich herleiten lassen, oder denen eine sehr inadäquate Strukturbeschreibung zugeordnet werden muß. Wenn man die Prämissen einer Konstituentenstrukturgrammatik im großen und ganzen akzeptiert, so ist man geneigt, die syntaktische Struktur von (xiii) folgendermaßen darzustellen:

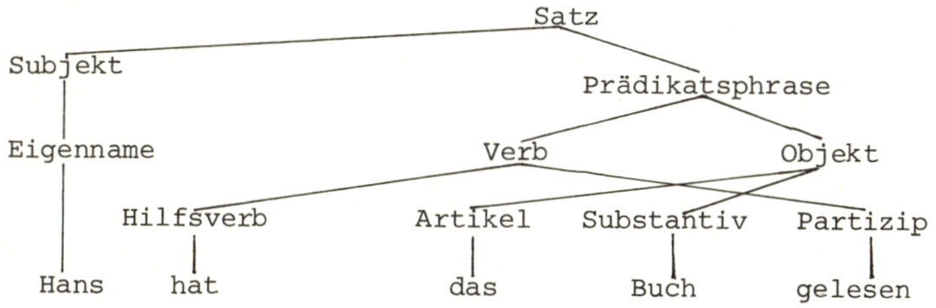

(xiii)

Fig. 4 - 1

da "Hilfsverb" und "Partizip" von der nächst höheren Ebene der Analyse aus gesehen offenbar unmittelbar zusammengehören. Eine solche Strukturbeschreibung ist jedoch auf ein KS-Regelsystem nicht abbildbar, da keine Ersetzungsregel (rewriting rule) eines solchen Systems, die an dem Verzweigungspunkt (Knoten), der bei uns die Benennung (Etikettierung) "Objekt" erhalten hat, hängenden (von diesem Knoten dominierten) Elemente, zwischen die vom Knoten "Verb" dominierten Elemente einschieben (inserieren) kann. Viele Probleme dieser Art lassen sich leichter lösen, wenn ein neuer Typ von Regeln in die Grammatik eingeführt wird, Regeln, die nicht nur jeweils ein nicht-terminales Symbol expandieren, sondern die bereits in ihrem Eingabeteil Ketten akzeptieren, deren Elemente dann je nach Bedarf umgestellt (permutiert), getilgt (eliminiert), durch andere ersetzt (substituiert), oder denen neue, bisher nicht vorhandene Elemente hinzugefügt werden können. Es erwies sich dann in der Folge als notwendig, die Regeln nicht auf Ketten, sondern auf Strukturbeschreibungen von Ketten anzuwenden. (Wir lassen der Einfachheit halber die gesamte morphologische und phonologische Komponente weg; unsere Darstellung ist auch insofern nicht ganz exakt, als sie keiner der Etappen in der Entwicklung der TG genau entspricht). Regeln von der Art, wie wir sie hier skizziert haben, heißen Transformationsregeln (T-Regeln); die Ketten, oder besser Strukturbeschreibungen von Ketten, auf die sie angewendet werden, heißen "Tiefenstrukturen", das, was die Regeln erzeugen, heißt "Transform" oder "Strukturveränderung" und kann als "Oberflächenstruktur" interpretiert werden, bzw. stellt bei Anwendung mehrerer T-Regeln hintereinander eine Übergangsstufe zu einer Oberflächenstruktur dar. Die Anwendung zweier verschiedener Arten von Regeln in zwei verschiedenen Teilen einer Grammatik hatte dann ziemlich weitreichende Konsequenzen; man nahm an, dadurch gleichzeitig eine Reihe von Erscheinungen erklären zu können, die mit dem ursprünglichen Grund für die Einführung eines neuen Regeltyps nur sehr indirekt etwas zu tun haben. In einer älteren Fassung der Theorie generierten die KS-Regeln der Basiskomponente eine Reihe von Ketten mit Strukturbeschreibungen, auf die dann noch eine Anzahl von obligatorischen T-Regeln angewendet wurden; die Ergebnisse dieser Operation wurden K e r n s ä t z e (kernel sentences) genannt. Alle übrigen Sätze einer Sprache wurden durch zusätzliche Anwendung sogenannter fakultativer T-Regeln erzeugt. In der Fassung von 1965 bekommt die Unterscheidung von fakultativen und obligatorischen Transformationen einen neuen Sinn, sie betrifft nunmehr nur noch "stilistische" Varianten, die sich allenfalls hinsichtlich der "Topikalisierung" (Hervorhebung des Elements, auf dem der Nachdruck der Aussage liegt) unterscheiden wie *"er kommt heute nicht"* und *"heute kommt er nicht"*. Alle übrigen T-Regeln sind obligatorisch, der Begriff "Kernsatz" spielt keine Rolle mehr. Außerdem wurde die Basiskomponente in einigen wesentlichen Punkten umgestaltet. (Was die von Chomsky nicht akzeptierte dritte Fassung betrifft, an deren Ausarbeitung u.a. Fillmore, McCawley und Lakoff beteiligt sind, so beschränken wir uns auf wenige Zeilen in 4.3.2.3. In dieser Fassung geht die Semantik unmittelbar als erzeugende Komponente in die Basis ein, d.h. es wird kein Unterschied mehr zwischen syntaktischer Tiefenstruktur und semantischer Interpretation gemacht). Wir wollen nun auf einige allgemeinere Annahmen eingehen, die z.T. erst nachträglich an das Prinzip der Unterscheidung von "Tiefenstruktur" und "Oberflächenstruktur" geknüpft wurden.

4.3.1.1. In allen Sprachen gibt es Sätze bzw. Syntagmen, die mehrdeutig sind, d.h. die auf verschiedene Art verstanden und paraphrasiert werden können. Diese Mehrdeutigkeit kann primär lexikalische oder primär syntaktische Ursachen haben, jedoch lassen sich die beiden Fälle keineswegs so leicht von einander abgrenzen, wie es auf den ersten Blick scheinen könnte; daß auch das Lexikon schon "Syntaktisches" enthält, haben wir versucht in 4.2. zu zeigen. Neben mehrdeutigen Sätzen gibt es Mengen von Sätzen, die einem "mehrdeutigen Typ" anzugehören scheinen, d.h. deren Analyse in unmittelbare Konstituenten zu analogen Ergebnissen führt, obwohl sich "unter" der scheinbar identischen Verkettung der Elemente verschiedenartige syntaktische Relationen verbergen. Für den ersten Fall gibt Chomsky in Aspects u.a. den Satz *"flying planes can be dangerous"*, für den zweiten Satzpaare wie *"I persuaded John to leave"* und *"I expected John to leave"*. Alle, auch die kürzesten Einführungen in die TG geben entsprechende Beispiele für die verschiedensten Sprachen, Chomskys Beispiele haben im Rahmen unserer Darstellung den Vorzug, daß die Ambiguität bei einer Übersetzung ins Deutsche aufgelöst werden muß. Dasselbe gilt für ein frz. Beispiel aus Dubois/Charlier, Eléments: Der Satz: *"le magistrat juge les enfants coupables"* (xiv) kann interpretiert werden als

le magistrat juge les enfants qui sont coupables (xiv a) oder als
le magistrat juge que les enfants sont coupables (xiv b)

Die Ambiguität von (xiv) ist im Deutschen nicht nachzuahmen, man muß sich bei der Übersetzung für jeweils verschiedene - in der Regel durch den Kontext nahegelegte - Lösungen entscheiden, die von vorneherein syntaktisch den beiden Paraphrasen (xiv a) und xiv b) ähneln; daneben - und hier zeigt sich wieder der enge Zusammenhang von Lexikon und Syntax - müßte man auch andere Verben wählen, "*verurteilen*" oder "*aburteilen*" für (xiv a), "*halten für*" oder "*erklären für*" für (xiv b). Für den zweiten von Chomsky erwähnten Fall kann man ein wohlbekanntes Beispiel aus der frz. Grammatik heranziehen:

Les élèves demandent au professeur à sortir (xv a)
Les élèves demandent au professeur de sortir (xv b)

Beiden Sätzen könnte man die folgende "oberflächliche" Strukturbeschreibung geben: $NP_o + Vb + NP_2 + Präp + Inf$ (wobei die Indices o bzw. 2 der Nominalphrasen für die syntaktischen Funktionen "Subjekt" bzw. "indirektes Objekt" stehen sollen). Bei dieser Beschreibung wird einem wichtigen syntaktischen Unterschied nicht Rechnung getragen, der in den folgenden Paraphrasen zum Ausdruck kommt:

Les élèves veulent sortir. Ils le demandent au professeur (zu xv a)
Les élèves veulent que le professeur sorte. Ils le lui demandent. (zu xv b)

Auch hier ist die analoge Anordnung der Elemente an der Oberfläche im Deutschen nicht nachzuahmen. (xv a) würde immer ein zusätzliches Element wie *"dürfen"* enthalten. Fälle, wie wir sie hier besprochen haben, werden von den Transformationalisten dadurch erklärt, daß die Ähnlichkeit oder scheinbare Identität solcher Sätze nur eine Erscheinung der Oberflächenstruktur ist, daß die zugrundeliegenden Strukturbäume solcher Sätze jedoch verschieden sind. Die in diesem Zusammenhang oft aufgestellte Behauptung, die traditionelle Grammatik gehe auf dergleichen Fälle nicht ein, ist sicherlich falsch. Zumindest die umfangreichen traditionellen Grammatiken gehen auf sehr viele (möglicherweise nicht auf alle) der von den Transformationalisten in diesem Zusammenhang angeführten Fälle ein; sie können das, weil sie mit sehr heterogenen Kategorien arbeiten, was ihnen von ihren Kritikern auch oft genug vorgeworfen worden ist.

4.3.1.2. In allen Sprachen kann man denselben Sachverhalt auf verschiedene Art und Weise ausdrücken, z.B. wie in (xvi a) oder wie in (xvi b):

Die Schönheit des blonden Mädchens ist unbestreitbar. (xvi a)
Es kann nicht bestritten werden, daß das blonde Mädchen schön ist. (xvi b)

In den Arbeiten zur TG wird oft behauptet, solche Satzpaare hätten "dieselbe Bedeutung". Wir haben diese Ansicht bereits wiederholt kritisiert. Da es uns hier jedoch um die Zusammenhänge zwischen dem Komplex Tiefenstruktur-Oberflächenstruktur auf der einen und Übersetzungsproblemen auf der anderen Seite geht, ist unser Einwand an dieser Stelle unerheblich; wir hatten ja in den vorhergehenden Kapiteln angenommen, daß Übersetzungen im günstigsten Fall als bezeichnungsäquivalent, niemals als bedeutungsgleich anzusehen sind. Die Transformationalisten stellen die Art der Beziehung, die zwischen (xvi a) und (xvi b) besteht, als komplementären Fall zu den in 4.3.1.1. besprochenen Phänomenen dar. Die Unterschiede der beiden Sätze existieren nur an der Oberfläche, beide Sätze können auf ein und denselben zugrundeliegenden Strukturbaum zurückgeführt werden. Damit soll nicht etwa behauptet werden, daß einer der beiden Sätze, so wie er oben steht, als Repräsentant der Tiefenstruktur gelten kann. Mit anderen Worten: Transformationen verändern die "Bedeutung" nicht, sie sind "meaning preserving" (vgl. 3.2.3.) Der wichtigste Einwand, den diese Annahme herausfordert, kann folgendermaßen formuliert werden: Wie stellt man fest, ob tatsächlich in dem von den Transformationalisten angenommenen Sinn Bedeutungsgleichheit vorliegt, oder, anders ausgedrückt, welche Gegebenheiten müssen vorliegen, damit ein Satz y als Paraphrase eines Satzes x aufgefaßt werden kann. Gehören auch folgende Fälle dazu?

Der Tisch ist zu niedrig - Der Tisch ist nicht hoch genug (xvii)
Es hat aufgehört zu regnen - Es regnet nicht mehr. (xviii)

Identischer Wahrheitswert im logischen Sinn ist nur eine notwendige, keine hinreichende Bedingung für die Annahme gleicher "Bedeutung". (vgl. Ungeheuer, Paraphrase, Literaturhinweise)

4.3.1.3. In vielen Arbeiten zur TG findet sich der Gedanke, daß die Unterschiede zwischen den natürlichen Sprachen auf der Ebene der Oberflächenstrukturen am größten seien, auf der Ebene der Tiefenstrukturen seien sich auch typologisch recht unterschiedliche Sprachen sehr viel ähnlicher. Die Kritiker der TG haben in dieser Annahme - u.E. zurecht - schon immer eine Art von petitio principii gesehen; wenn man nämlich die ganze Theorie auf das Bestreben gründet, die Sätze natürlicher Sprachen auf logische Sätze zurückzuführen, so braucht man sich nicht zu wundern, wenn die Ergebnisse sich bei fortschreitender Arbeit immer mehr ähneln werden - es sei denn, man wäre ein extremer "Relativist", wie Whorf einer war (vgl. 1.2.2.). Immerhin steckt in dem methodischen Prinzip, Oberflächensätze auf Tiefenstruktursätze zurückzuführen, ein Element, dessen Relevanz für die Theorie und Praxis der Übersetzung gar nicht hoch genug eingeschätzt werden kann. Es könnte sich nämlich unter Umständen als zweckmäßig erweisen, bei der Übersetzung Oberflächensätze zunächst in die ihnen zugrundeliegenden Tiefenstrukturen zu überführen, sie auf dieser Ebene in die andere Sprache zu übertragen und das Ergebnis dann durch Anwendung von T-Regeln in Oberflächensätze zu verwandeln. In 4.3.1.1. hatten wir gesehen, daß es zu AS-Sätzen AS-Paraphrasen geben kann, die den ZS-Sätzen strukturell ähnlicher sind, als der ursprüngliche AS-Satz. Dabei ist es durchaus möglich und sogar wahrscheinlich, daß die AS-Paraphrase in der AS einen geringeren Grad an Akzeptabilität aufweist, als der Satz, den sie paraphrasiert. Auch der komplementäre Fall, auf den wir in 4.3.1.2. eingegangen sind, weist interessante Bezüge zum Problem der Übersetzung auf. Jeder Übersetzer mit einiger praktischer Erfahrung weiß, daß es nützlich sein kann, AS-Sätze erst einmal zu paraphrasieren, bevor man sie übersetzt:

je vous remercie d'être venu → je vous remercie que vous soyez venu →:
ich danke Ihnen (dafür), daß Sie gekommen sind (ixx)
Die lachende Kuh → die Kuh, die lacht → la vache qui rit (xx)

4.3.2. Wir wollen in der Folge kurz über zwei Versuche referieren, das Prinzip der Zurückführung von Oberflächenstrukturen auf zugrundeliegende Tiefenstrukturen für die Übersetzung und den Sprachvergleich nutzbar zu machen.

4.3.2.1. In ihrer "Theory and Practice of Translation" - wir beziehen uns wie in den vorhergehenden Kapiteln auf die deutsche Fassung von Kassühlke/Loewen - unterscheiden Nida/Taber zwei Übersetzungsmethoden. Die erste führt von "Oberflächenstruktur" zu "Oberflächenstruktur", evtl. über eine Mittlersprache; die Ausführungen zu diesem Punkt sind sehr oberflächlich, was daran liegen mag, daß die Autoren nur an der zweiten Methode interessiert sind. Die zweite Methode gleicht in ihren Umrissen der in 4.3.1.3. angedeuteten:

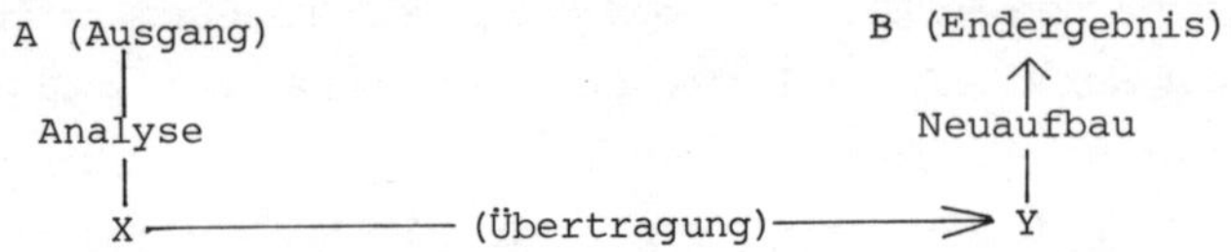

Fig. 4 - 2 (Nach Nida/Taber, Theorie, S.32)

Die Ebene der Übertragung soll identisch mit der Ebene der Kernsätze (bei Nida/Taber Elementarsätze) sein, die beiden Autoren halten ein Zurückgehen auf die eigentlichen Tiefenstrukturen für nicht notwendig, ja sogar für nicht ratsam (vgl. op. cit., S.38 Anm. 1). Wie wir sehen, bewegen sich die beiden Autoren im etwas simplifizierten theoretischen Rahmen der inzwischen überholten ersten Fassung der TG; dadurch wird jedoch die allgemeine Relevanz ihrer Ausführungen im Hinblick auf die Übersetzung nicht beeinträchtigt; im Gegenteil, die informellen Strategien, die die beiden Autoren anzubieten haben, dürften sich für die Praxis der HT als geeigneter erweisen als die komplizierteren Formalismen der Transformationalisten. Bei der "Analyse" hat der Übersetzer nach Nida/Taber folgendermaßen vorzugehen: Alle im Text vorgefundenen Einheiten sind erst einer Klassifikation hinsichtlich vier angeblich universaler semantischer Kategorien zu unterwerfen: 1) Gegenstand (G), 2) Ereignis (E), 3) Abstraktum (A), 4) Beziehungen (B). Im Idealfall sollte die Kategorie (G) mit der Wortart "Substantiv", die Kategorie (E) mit der Wortart "Verb", die Kategorie (A) mit den Wortarten "Adverb" und "Adjektiv", die Kategorie (B) mit den Wortarten "Konjunktion", "Präposition", dazu mit verschiedenen grammatischen Morphemen, mit der Wortstellung sowie der Kopula und evtl. mit Verben wie 'haben' übereinstimmen. Diese Einteilung kann ihre Herkunft aus der antiken Sprachbetrachtung, auf die auch die traditionellen Benennungen der Wortarten zurückgehen, nicht verleugnen. Es fällt außerdem auf, daß - wie bei so vielen Klassifikationen - eine der verwendeten Kategorien die Aufgabe eines "fourre-tout" zu übernehmen hat; hier ist es die Kategorie B. Der Idealfall soll nach unseren Gewährsleuten dadurch herbeigeführt werden, daß der AS-Text so paraphrasiert wird, daß vollständige Kongruenz von Wortart und der ihr "eigentlich" entsprechenden semantischen Kategorie erreicht ist. In den "Elementarsätzen" einer Sprache - für das Deutsche werden nicht mehr als sieben Typen angegeben - soll dieser Zustand gegeben sein. Beim Beginn der

Analyse habe man darauf zu achten, daß viele Wörter einen komplexen semantischen Aufbau haben und keiner der beiden Kategorien allein zugeschlagen werden dürfen; so gehört z.B. die Mehrzahl der Verben zu den Kategorien E und B, da sie nicht nur Ereignisse bezeichnen, sondern auch Relationen ausdrücken. Die Beziehungen zum dritten Modell der TG sind evident, wenn auch anzunehmen ist, daß die Autoren sich dessen überhaupt nicht bewußt sind. Nida/Tabers Ausführungen lassen sich jedenfalls ohne weiteres dahingehend interpretieren, daß sie nicht nur "oberflächliche" Sätze und Wortbildungen annehmen, sondern auch viele der im Wortschatz unserer Sprachen vorhandenen Lexeme für oberflächenbedingte Erscheinungen halten (vgl. 4.3.2.3.). Wir wollen die theoretischen Schwierigkeiten, die mit den teilweise etwas zu apodiktisch vorgetragenen Ausführungen der beiden Autoren verbunden sind, nicht diskutieren, sondern zwei praktische Anwendungsbeispiele geben:

G —— (B) E —— G — E
unser geliebter Herrscher

X herrscht über uns → X ist unser Herrscher
Wir lieben X → X wird von uns geliebt → X ist unser geliebter Y ⇒
→ X ist unser geliebter Herrscher

(Fig. 4 - 3, vgl. op. cit. S.40, modifiziert)

A B A G B E - B
Die Schönheit des blonden Mädchens ist unbestreitbar

das Mädchen ist blond → das blonde Mädchen
das Mädchen ist schön → die Schönheit des Mädchens

→ die Schönheit des blonden Mädchens

X bestreitet Y → Y wird bestritten (von X)
X kann Z → X kann Z nicht
Y kann nicht bestritten werden → Y ist unbestreitbar

⇒ Die Schönheit des blonden Mädchens ist unbestreitbar

Fig. 4 - 4

Die kursiven Sätze sind Elementarsätze, oder besser, sollen welche sein, denn zumindest der Fall *"X herrscht über uns"* ist sehr problematisch. Wir haben bei unserer Analyse (die wir in Form einer Synthese vorlegen) die Autoren beim Wort genommen und sind etwas gründlicher vorgegangen, als sie selbst es getan haben. Das Ergebnis ist denn auch recht anfechtbar; die Schwierigkeiten rühren vor allem daher, daß uns nach den Anweisungen unserer Gewährsleute kein passivischer und kein negierter Satz als Ausgangspunkt zur Verfügung stand. Ein besonderes Problem stellt die Herleitung von *-bar* dar, das wir als "passivisch + potentiell" interpretiert haben und deshalb aus zwei getrennten Strängen erzeugen mußten. Das Problem der tatsächlichen Reihenfolge der Transformationen haben wir absichtlich überhaupt nicht reflektiert, ebenso wenig das der evtl. noch anzusetzenden Zwischenstufen. Vom Standpunkt der TG aus gesehen mögen Nida/Tabers Vorschläge reichlich antiquiert anmuten, und zum Zweck der Übersetzung sind sie auch nicht uneingeschränkt brauchbar, zumindest dann, wenn AS und ZS auch an der "Oberfläche" verhältnismäßig ähnlich sind. Das allgemeine Prinzip ist jedoch wenigstens für die Praxis durchaus brauchbar. Einige Bemerkungen noch zu den übrigen Komponenten des Schemas (Fig. 4 - 2). Die Elementarsätze stellen die Grundlage der Übertragung dar, sie sollen nicht etwa "wörtlich" übersetzt werden. In der Regel ist eine Umwandlung in komplexere Oberflächenstrukturen angezeigt. Analogie zu den Oberflächenstrukturen des AS-Textes ist nur dann anzustreben, wenn keine übergeordneten pragmatischen Bedingungen verletzt werden; in einem solchen Fall wäre allerdings auch die vorhergehende Analyse nicht nötig gewesen. Die Autoren fassen die Ergebnisse ihrer "Rückumformungen" (back-transformations) als Paraphrasen der entsprechenden Oberflächensätze auf, die zwar "semantisch genau" seien, aber Unterschiede in der Topikalisierung aufwiesen. In diesem Zusammenhang wird sogar ausdrücklich von "Bedeutungsunterschieden" gesprochen.

4.3.2.2. Einige Worte noch zu einer anderen Arbeit. In seinem Aufsatz "Transformulation: Structural Translation" (vgl. Literaturverzeichnis) geht Dwight Bolinger von sehr ähnlichen Überlegungen aus wie Nida/Taber. Er bezieht sich ebenfalls auf das erste Modell der TG, verzichtet ebenfalls auf deren formalen Apparat bei seiner Darstellung, hat aber andere Ziele im Auge. Auch diese Arbeit ist theoretisch überholt, jedoch weist sie einige Punkte auf, die für die Praxis des Übersetzens nicht uninteressant sind. Bolinger geht von dem Gedanken aus, daß Übersetzungen einiges mit Transformationen gemeinsam haben. Wendet man z.B. auf den von VP dominierten Teil des folgenden Strukturbaums (a) die daneben angegebene T-Regel an, so daß man eine Kette mit der (provisorischen) Strukturbeschreibung (b) erhält und ersetzt man darauf die englischen Wörter der terminalen Kette durch deutsche, so hat man eine Operation beschrieben, die in gewisser Hinsicht der Übersetzung von *"he has read the book"* zu *"er hat das Buch gelesen"* entspricht:

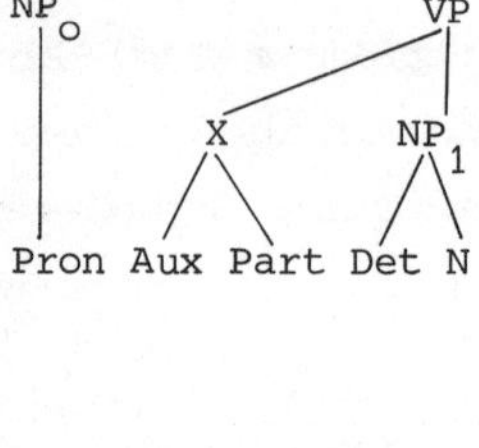

$$[(\text{Aux+Part})_X (\text{Det+N})_{NP_1}]\ \text{VP} \Longrightarrow$$

$$[(\text{Aux})_X (\text{Det+N})_{NP_1}\ \text{Part}]\ \text{VP}$$

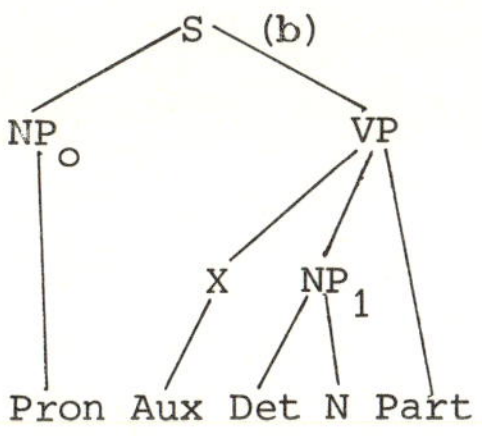

Pron → he → er

Aux → has → hat

Part → read → gelesen

Det → the → das

N → book → Buch

Fig. 4 - 5

Bolinger beschränkt sich dabei allerdings auf die schlichte Formel NP_o + Aux + V + NP_1 → NP_o + Aux + NP_1 + V und erspart sich dabei das leidige Problem der Benennung der Knoten, das wirklich nur bei Annahme von Tiefenstrukturen zu lösen ist, wenn die Beschreibungstheorie Projektivität der Strukturbeschreibung auf ein KS-System fordert; man beachte, daß der Knoten X in (b) mehr oder weniger sinnlos ist und eine hierarchisch geordnete Analyse von VP - so wie sie in (a) vorliegt - nicht vorgenommen wird. Bolinger geht auf die technischen Probleme auch gar nicht weiter ein; er möchte Transformationsregeln mit dem syntaktischen Aspekt des Übersetzens in Verbindung setzen, um einige Fragen der "kontrastiven" Grammatik zu behandeln. Wir werden daher im folgenden Kapitel nochmals darauf zurückkommen.

4.3.2.3. Das erste Modell der TG hatte den unbestreitbaren Vorzug der Annahme von Kernsätzen; sie entsprachen in der anfänglichen Phase tatsächlich ungefähr den "syntaktischen Atomen", in die der kompetente Sprecher ohne theoretisches Instrumentarium kompliziertere Konstruktionen spontan zerlegen konnte. Daß die Kernsätze später der fortschreitenden "Semantisierung" der Theorie geopfert werden mußten, ist nur konsequent, da die TG ja nicht Satztypen, sondern sämtliche korrekten Sätze einer Sprache erzeugen soll. Es ist daher auch wenigstens für einen Außenseiter nicht recht einzusehen, warum Noam Chomsky den nächsten Schritt in die eingeschlagene Richtung, von der syntaktischen Tiefenstruktur mit semantischer Interpretation zur "generativen" Semantik nicht mitmachen will. Die letzte Variante ist auch in einer weiteren Hinsicht konsequenter; sie geht noch weiter in dem Bestreben, das, was der "taxonomische" Strukturalismus als paradigmatische Opposition verstand, so weit wie möglich zu "syntagmatisieren", auf Konkatenationsprobleme zurückzuführen. Zunächst ging es darum, die Beziehungen zwischen *x trinkt* und *x ist ein Trinker* aufzuhellen; entsprechend wurden dann auch Fälle wie *x stiehlt* und *x ist ein Dieb* miteinbezogen, die Tatsache, daß gerade kein **Stehler* (wie z.B. im Französischen) vorhanden ist, wird als "oberflächliche" Erscheinung im Deutschen interpretiert. Von hier aus gesehen ist es nur konsequent, auch morphologisch nicht analysierbare Lexeme als "Oberflächeneinheiten" aufzufassen, denen in der Basis einfachere Elemente zugrundeliegen. Ein solches Vorgehen bietet sich z.B. bei faktitiven Verben wie *tränken, schwemmen, sprengen* an, die von der traditionellen Wortbildungslehre schon immer - allerdings z.T. unter diachronischen Gesichtspunkten - als *"trinken machen", "schwimmen machen", "springen machen"* (vgl. frz. *faire sauter*) paraphrasiert worden sind. Es erleichtert jedoch auch die Darstellung der semantischen Verwandschaft, wie sie zwischen Paaren wie (xxi) und (xxii) besteht:

il ignorait son existence	: il ne savait pas qu'il existait	(xxi)
il m'a vendu son livre	: je lui ai acheté son livre	(xxii)

Daß auch hier höchst interessante Beziehungen zum Problem der Übersetzung bestehen, ist nicht von der Hand zu weisen. Übersetzungen, das folgt unmittelbar aus der in 1.2. diskutierten Problematik, sind keineswegs nur "syntaktische", sondern häufig auch lexikalische Paraphrasen. (vgl. Übung 4 - 8)

4.4. Literaturhinweise

Zu 4.
Brekle, Semantik, Kap. 5.1., S.81-84
Lyons, Introduction, chap. 2.3.3., S.73-74

Zu 4.1.
Catford, Theory, chap. 2.4. (rank of translation) S.24-26 und chap. 12 (translation shifts) S.73-82
Bei konkreten Problemen kann jede vergleichende Darstellung des Französischen und Deutschen verwendet werden, z.B.
Truffaut, Grundprobleme
Malblanc, Stylistique
Sehr viel Material, allerdings unter eher theoretischen Gesichtspunkten bietet:
Bally, Linguistique

Zu 4.2.
Bechert u.a., Einführung, Kap. 1.3., S.17; Kap. 1.5., S.18-19; Kap. 4, S.53-63; für besonders Interessierte auch Kap. 5, S.64-85
Coseriu, Solidaritäten, in toto, (11 Seiten)
Geckeler, Wortfelddiskussion, Kap. IV,3, S.201-204
Malblanc, Stylistique, Chap. IV, §167, S.207-208 und §170, S.210-211 (Funktionsverben)
Lyons, Introduction, chap. 9.3.6., S.416-417 (zu den "idioms")
Coseriu, Structure, Abschn. 2.4.
Guiraud, Locutions (zur Konsultation)

Zu 4.3.
Bechert u.a., Einführung, Kap. 7, S.93-108; für besonders Interessierte auch Kap. 8, S.109-136
Bünting, Einführung, Kap. 4.5., S.136-157
Rohrer, Sprachwissenschaft, Kap.II,3, S.46-65
Chomsky, Aspekte, Kap. 1, §4, S.32-43
Dubois/Charlier, Eléments, chap. III,3, S.28-29

Nida/Taber, Theorie, Kap.3, S.31-52
Bolinger, Transformulation, in toto, (15 Seiten) (engl.-span. Beisp.!)
Hundsnurscher, Semantik, Kap.6.3. S.71-76
Coseriu, Tiefenstruktur, in toto (12 Seiten)
Faiß, Übersetzung, Abschn. 4, S.7-14
Für besonders Interessierte:
Ungeheuer, Paraphrase, in toto (50 Seiten, aber sehr lesenswert)

4.5. Übungen

4 - 1 Den umgangssprachlichen Ausdruck "wörtliche Übersetzung" kann man einigermaßen sinnvoll interpretieren (vgl. 4.1.). Die Ausdrücke "traduction littérale" bzw. "buchstabengetreue Übersetzung" sind dagegen streng genommen Unsinn. Wieso?

4 - 2 Konstruieren Sie einen Kontext, in dem der Satz (viii) in 4.2. möglich ist.

4 - 3 *peindre* un paysage : *peindre* un mur
brûler de la paille : la fumée me *brûle* les yeux
couper une robe : *couper* une tranche de pain
percer un trou : *percer* un mur
voler de l'argent : *voler* son patron
rapinare soldi : *rapinare* una banca
Geben Sie deutsche Äquivalente für die obenstehenden Syntagmen. Setzen Sie die Beobachtungen, die Sie dabei machen, in Beziehung zu den Ausführungen über "transitive" Verben in 4.2.2.1.

4 - 4 Nein mein Lieber, Meier kommt als Täter nicht in Frage, er ist Nichtschwimmer. *Ich suche einen Mann, der schwimmen kann,* das Fenster war nur vom Wasser aus zu erreichen.
Danke für dein Angebot, aber leider bist du Nichtschwimmer. *Ich suche einen Mann, der schwimmen kann,* für einen Nichtschwimmer ist die Angelegenheit zu gefährlich.
Übersetzen Sie die beiden kursiven Sätze ins Französische unter Beachtung des angegebenen Kontextes. Versuchen Sie anschließend, den deutschen Satz mit Hilfe von Paraphrasen zu disambiguieren.

4 - 5 Jean ennuie Marie à raconter sa vie constamment
Marie invite Jean à raconter sa vie le moins souvent possible
a) Klären Sie die syntaktischen Verhältnisse mit Hilfe von Paraphrasen.
b) Wie wird in Grevisse, Bon Usage, zwischen den beiden Infinitiven mit à unterschieden?
c) Lassen sich die Unterschiede zwischen beiden Sätzen auch mit rein distributionellen Methoden aufzeigen?

4 - 6 Analysieren Sie in Anlehnung an die von Nida/Taber verwendete Methode die beiden folgenden Syntagmen:
le salaire de la peur
der Trost meines Alters

4 - 7 Was unterscheidet unsere in 4.3.2.2. in Form einer T-Regel vorgeführte Operation von einer T-Regel in der TG? (Die Frage bezieht sich nicht auf das Fehlen der morphologischen und phonologischen Komponente)

4 - 8 Schimmel - cheval blanc
daltonien - farbenblind
holen - aller chercher
poubelle - Mülleimer
Welche Unterschiede bestehen zwischen der linken und der rechten Seite der obenstehenden "Wortgleichungen". Sind die folgenden, schon unter anderen Gesichtspunkten behandelten Fälle völlig gleich zu beurteilen?
se déganter - die Handschuhe ausziehen
bemuttern - entourer de soins maternels

5. ÜBERSETZUNG UND SPRACHVERGLEICH

Beim Vergleichen von Sprachen kann man auf unterschiedliche Art verfahren. Man kann Vergleiche anstellen, die die Bedeutung in keiner Weise betreffen; ein Beispiel hierfür wäre eine vergleichende Phonetik ohne Bezug auf phonologische Fragestellungen. Man kann versuchen, geregelte Beziehungen zwischen Zeichenformen verschiedener Sprachen aufzudecken und sich dabei auf inhaltliche Gemeinsamkeiten beziehen, die zu einem früheren Zeitpunkt existiert haben und zum gegebenen Zeitpunkt meist noch erkennbar sind (z.B. engl. *th*e, *th*ing, *th*ief ≙ deutsch *d*er (*d*ie *d*as), *D*ing, *D*ieb oder ital. s*e*ta, f*e*gato, st*e*lla ≙ frz. so*i*e, fo*i*e, éto*i*le etc.) Der Inhalt bleibt bei einem solchen Verfahren aber immer nur methodische Hilfskonstruktion, eigentliches tertium comparationis ist eine entweder tatsächlich belegte oder zu rekonstruierende gemeinsame Vorstufe beider Formen (z.B. germ. þ oder vlat. geschlossenes e in freier Stellung). Die zuletzt beschriebene Tätigkeit, d.h. das historische Vergleichen von Sprachen "von der Form zum Inhalt" wurde lange Zeit hindurch als die einzig sinnvolle und legitime wissenschaftliche Beschäftigung mit Sprachen überhaupt angesehen. Die bisher angedeuteten Vergleichsmethoden sind vorwiegend semasiologisch, d.h. sie gehen von der sprachlichen Form aus und beziehen sich auf den Inhalt. Man kann Sprachen jedoch auch unter einem onomasiologischen Gesichtspunkt vergleichen. Man geht dann vom Bezeichneten aus und fragt sich, was für Zeichenformen in den verschiedenen Sprachen dafür verwendet werden. Diese Tätigkeit braucht sich keineswegs auf das Lexikon zu beschränken, sondern kann auf alle Elemente mit Zeichencharakter ausgedehnt werden, also auch grammatische Morpheme, Wortbildungsaffixe, Wortstellung und vieles mehr. Die Hauptschwierigkeit bei einem solchen Vorgehen liegt darin, daß das "Bezeichnete" sich selten klar als eine von jeder sprachlichen Gestaltung unbeeinflußte Gegebenheit erfassen läßt. Man kann zwar eine bestimmte Pflanze zum Ausgangspunkt einer vergleichenden Untersuchung wählen und dann feststellen, wie diese Pflanze in verschiedenen Sprachen und Dialekten genannt wird (vorausgesetzt, daß sie in den entsprechenden Landstrichen überhaupt vorkommt), aber schon bei nicht-botanischen Klassenbegriffen für Pflanzen wie z.B. "*Unkraut*" oder "*Gestrüpp*" wird das Vorgehen problematisch; man begeht leicht den Fehler, einen Inhalt, der im Lexikon der eigenen Sprache gegeben ist, für universell zu halten. Entsprechendes gilt natürlich für Kategorien wie "Vergangenheit", "durativer Aspekt" oder "adversative Konjunktion"; ältere onomasiologische Arbeiten vom Typ "der Begriff 'aber' in den uralaltaischen Sprachen" sind speziell in dieser Hinsicht zu kritisieren. Im Grunde ist die Übersetzungswissenschaft nichts anderes als eine Art von angewandter, synchronisch-vergleichender Sprachwissenschaft unter onomasiologischem Gesichtspunkt. Sie unterscheidet sich von einigen anderen Zweigen der vergleichenden Sprachwissenschaft ausschließlich hinsichtlich ihrer Ziele, nicht im Hinblick auf ihre methodischen Voraussetzungen. Man kann unter den oben aufgeführten methodischen Voraussetzungen auch Sprachen vergleichen mit dem Ziel, sie zu charakterisieren und eventuell auch zu klassifizieren, nicht zu dem Zweck, das Zustandekommen von Übersetzungen zu erklären bzw. das Anfertigen von Übersetzungen so weit wie möglich erlernbar zu machen. Ein großer Teil der linguistischen T y p o l o g i e bedient sich jener Methoden zu eben diesem Zweck. (Man kann jedoch nicht behaupten, daß alle innerhalb der verschiedenen Arten von Typologie auftretenden Fragestellungen onomasiologischer Natur seien, es gibt auch semasiologische und solche, die mit der Unterscheidung überhaupt nichts zu tun haben). Wiederum andere Ziele bei analogen methodischen Voraussetzungen verfolgt eine Sonderdisziplin der angewandten Sprachwissenschaft, die in den letzten Jahren einen beachtlichen Aufschwung genommen hat, die "kontrastive" Sprachwissenschaft, bzw. die "kontrastive Grammatik" (KG). Im Gegensatz zur Typologie geht es hier nicht um Charakterisierung bzw. Klassifizierung von Sprachen, sondern um die Herausarbeitung der "Interferenzen" oder "Kontraste" zwischen zwei Sprachen, nicht notwendigerweise jedoch in der Regel mit dem Ziel, die Erlernbarkeit einer bestimmten ZS für Schüler, die eine bestimmte AS als Muttersprache haben, zu erleichtern. Kontrastive Grammatik und Übersetzungswissenschaft haben also sehr ähnliche methodische Voraussetzungen und sehr ähnliche, aber - dies sei im Vorgriff auf das letzte Kapitel betont- keine identischen Ziele; denn es ist nicht dasselbe, ob man das Erlernen einer ZS oder das Übersetzen in eine ZS methodisch vorbereiten und erleichtern möchte. Schließlich wäre unter den Disziplinen, die eine enge Beziehung zur Übersetzungswissenschaft haben, der Übersetzungsvergleich (vgl. 3) zu nennen, der, als methodische Analyse bereits vorhandener, nicht für linguistische Zwecke angefertigter Übersetzungen eine Art von "Gegenprobe" zur Übersetzungswissenschaft darstellt.

5.1. Kontrastive Sprachwissenschaft, kontrastive Grammatik

"In unseren Wörterbüchern stellen wir lexikalische Parallelen einander gegenüber und nennen sie 'Äquivalente', in unseren Grammatiken stellen wir strukturelle Parallelen einander gegenüber und nennen sie 'Kontraste' - wobei wir im ersten Fall auf die gleiche Bedeutung achten und von der unterschiedlichen Form absehen und im zweiten Fall das Gegenteil davon tun." Mit diesen Worten schildert Bolinger in seinem schon im vorhergehenden Kapitel erwähnten Aufsatz den gemischt onomasiologisch-semasiologischen Gesichtspunkt beim Vergleichen von Sprachen. Die kontrastive Linguistik geht im allgemeinen konsequent onomasiologisch vor (abgesehen von den Fällen, in denen es um eine Art von strukturellen "faux amis" geht). Sie interessiert sich für die unterschiedliche Verwendung der zeichenhaften Elemente zweier Sprachen in vergleichbaren Situationen. Dabei wird der Akzent auf diejenigen Bereiche gelegt, die nicht isomorph gestaltet sind, die den naiven Erwartungen des AS-Sprechers zuwiderlaufen, es genüge, sich andere Bezeichnungen für eine große Menge von wohl definierten Gegenständen und Sachverhalten zu merken, um dann in der ZS genau so verfahren zu können, wie er es von der Muttersprache her gewohnt ist. Die KG steht vor denselben methodischen Schwierigkeiten wie die Übersetzungstheorie, da sie, wenn sie praktisch brauchbar sein soll, nicht nur die "Strukturen" zweier Sprachen zu vergleichen hat, sondern sich auch dafür interessieren muß, welche charakteristischen Unterschiede zwischen den verschiedenen Arten des Umgangs der Sprecher mit ihren Sprachen bestehen. Es genügt im allgemeinen nicht, auf einer ersten Abstraktionsstufe eine Kategorie wie "Futur" zu extrapolieren und dann die unterschiedlichen Verfahren einander gegenüberzustellen, mit denen diese Kategorie in den beiden Sprachen ausgedrückt wird. Es bleibt immer noch auf einer anderen methodischen Vergleichsebene festzustellen, in welchen Situationen, bei welchen Gelegenheiten die Kategorie überhaupt ausgedrückt wird. Im Französischen werden bekanntlich präsentische Verbalformen in futurischen Kontexten bzw. Situationen seltener verwendet als im Deutschen. Es hat wenig Sinn zu erklären, daß frz. Relativsätze im Gegensatz zu deutschen keine Abweichungen der Wortfolge gegenüber einfachen Sätzen aufweisen, ohne auch zu untersuchen, in welchen Fällen durch Relativsätze determiniert wird und in welchen nicht (vgl. *j'ai la jambe qui me fait mal*). Eine KG zweier Sprachen setzt an und für sich zwei vollständige Beschreibungen der beiden Sprachen voraus, deren Interferenzen dargestellt werden sollen. Sie hängt daher sehr stark von der Sprachtheorie ab, auf deren Hintergrund sie arbeitet. So ist z. B. auf der Basis des "taxonomischen" Strukturalismus eine kontrastive Sprachwissenschaft vorstellbar, die "Lexikon" und "Grammatik" ungefähr nach den herkömmlichen Kriterien trennt, so daß man mit zwei Unterkomponenten rechnen kann: einer "kontrastiven Lexikologie" und einer "kontrastiven Grammatik". Eine auf generativ-transformationeller Grundlage arbeitende KG wird die "Kontraste" aus den im vorhergehenden Kapitel besprochenen Gründen weitgehend auf das Gebiet der "Grammatik" verlegen; das gilt auch für die phonologische Komponente. Sie wird kontrastive Fragen analog zu den in 4.3.1.1. und 4.3.1.2. behandelten Punkten teils onomasiologisch, teils semasiologisch angehen. Sie wird einerseits - um mit Bolinger zu sprechen - strukturelle "Kontraste" mit derselben "Bedeutung" (z.B. *die lachende Kuh : la vache qui rit*) einander konfrontieren und dann zu zeigen versuchen, daß die entsprechenden Unterschiede weitgehend "oberflächenbedingt" sind. Bolinger selbst unternimmt diesen Versuch anhand von englisch-spanischen Beispielen. Sie wird andererseits scheinbare strukturelle Parallelen aufgreifen und zeigen, daß sie sich inhaltlich nicht entsprechen (z.B. *il a les cheveux coupés ras ≠ er hat die Haare kurz geschnitten*) oder — aus häufiger gegebenem Anlaß - von Serien scheinbar analoger AS-Konstruktionen ausgehend zeigen, daß einer solchen Serie sehr unterschiedliche ZS-Konstruktionen entsprechen, weil die zugrundeliegenden Strukturbäume der betreffenden Sätze verschieden sind. So bemüht sich K.H. Wagner in einem Beitrag zur kontrastiven Grammatik zu zeigen, daß es nicht sinnvoll ist, analoge Oberflächenstrukturen für den Sprachunterricht zu sogenannten "patterns" zusammenzufassen, wenn diese "patterns" auf unterschiedliche Tiefenstrukturen zurückgehen. Als Beispiel führt er eine Reihe englischer Sätze mit der Oberflächenstruktur NP + V + NP + to Infinitiv an (in der traditionellen Schulgrammatik werden sie meist als A.c.I.-Sätze bezeichnet), die ähnliche Unterschiede wie die beiden Beispiele von Chomsky (vgl. 4.3.1.1.) aufweisen. Er zieht daraus den Schluß, daß es besser sei, ganze Regelsysteme einander kontrastiv gegenüberzustellen, als "oberflächenbezogene patterns". Was die Gewinnung ihres Materials betrifft, so weist die KG eine interessante Parallele zum Übersetzungsvergleich auf. Auch die kontrastiv arbeitenden Linguisten beziehen ihr Material z.T. aus Übersetzungen, jedoch nicht aus "normalen", sondern aus "abweichenden" Übersetzungen, die einer "Fehleranalyse" (error analysis) unterworfen werden. Art und Häufigkeit von Übersetzungsfehlern lassen Schlüsse auf Interferenzen zwischen den beiden beteiligten Sprachen zu. Als "Übersetzungsfehler" können dabei auch Fehler im Gebrauch der Fremdsprache betrachtet werden, da vor allem Anfänger bekanntlich, wenn sie beginnen, sich in einer Fremdsprache auszudrücken, mehr oder weniger bewußt aus der Muttersprache übersetzen.

5.2. Der Übersetzungsvergleich (ÜV)

Der Übersetzungsvergleich ist aus einer Vorform der kontrastiven Grammatik hervorgegangen, der sogenannten "vergleichenden Stilistik" (stylistique comparée). Die Verwendung des Ausdrucks "Stilistik" in diesem Zusammenhang erklärt sich aus der idealistischen Sprachauffassung, der zufolge Sprachen als kollektive Stile aufzufassen sind. Ähnlich wie der einzelne von dem Inventar, das ihm seine Sprache zur Verfügung stellt, einen ganz bestimmten Gebrauch macht, machen die verschiedenen Sprachen einen charakteristischen Gebrauch von den Möglichkeiten, die in der allgemeinen Sprachfähigkeit begründet liegen. Von solchen Ausgangspositionen ist es manchmal nicht weit zu reichlich unbekümmerten Rückschlüssen von sprachlichen Erscheinungen auf die Mentalität der Sprecher, ähnlich wie in der heute etwas aus der Mode gekommenen psychologisierenden literarischen Stilistik aus literarischen Texten auf die Person des Autors geschlossen wurde. Vergleichende Stilistiken sind sehr häufig kontrastive oder besser "konfrontative" Darstellungen zweier Sprachen. Sie beziehen ihr Material zum Teil aus Übersetzungen, arbeiten jedoch auch nach Belieben mit konstruierten Beispielen, die hin und wieder dazu ausersehen sind, eine durch unverfänglicheres Material nicht ausreichend zu belegende These zu untermauern. Aus diesen Voraussetzungen erklärt sich eine Besonderheit dieser Art von Werken, die von nüchternen Linguisten nicht selten mit Befremden zur Kenntnis genommen wurde; vergleichende Stilistiken haben eine deutlich ausgeprägte Tendenz, überspitzt antithetische, psychologisierende Darstellungen zu geben und die beiden verglichenen Sprachen als Musterbeispiele verschiedener "Weltansichten" hochzustilisieren. Es ist vielleicht kein Zufall und sicherlich auch nicht primär aus den typologischen Besonderheiten der beiden Sprachen zu erklären, daß das Französische und das Deutsche besonders oft auf diese Weise miteinander verglichen worden sind. Wir verdanken es Mario Wandruszka, daß sich der auf Übersetzungstexten basierende Sprachvergleich aus der unheimlichen Nachbarschaft völkerpsychologischer Traktate gelöst hat und zu einem universeller verwendbaren Arbeitsinstrument geworden ist. Dazu bedurfte es einiger methodischer Voraussetzungen. Um der Gefahr antithetischer Gegenüberstellungen vorzubeugen, wurden grundsätzlich mehrere Sprachen in die Betrachtung einbezogen, aus dem bilateralen wurde ein multilateraler Sprachvergleich. Konstruierte Beispiele sind nur noch in Ausnahmefällen zulässig; für jede vergleichende Untersuchung sollte ein Korpus von Beispielen zur Verfügung stehen, das groß genug ist, um Regelmäßigkeiten beim Auftreten der Textäquivalenzen, die man untersuchen möchte, auch ohne Zuhilfenahme statistischer Methoden deutlich erkennen zu lassen. Es dürfen keine Aussagen allgemeiner Natur auf Material gestützt werden, in dem eine Sprache immer nur als AS, eine andere immer nur als ZS auftritt; ein solches Verfahren würde die Beobachtungsdaten im Hinblick auf die als ZS auftretende Sprache erheblich verzerren, auch wenn die Texte durchweg von sehr guten Übersetzern stammen. Einige weitere methodische Grundsätze hängen von dem Zweck ab, der mit dem ÜV verfolgt wird. Soll er Material für einen Sprachvergleich liefern, so ist natürlich zu beachten, daß man einen Leistungsvergleich, keinen unmittelbaren Funktionsvergleich durchführt und daß in der Folge dieselben methodischen Abstraktionsschritte vorzunehmen sind, wie bei der Beschreibung von Einzelsprachen, die ja ebenfalls von Beobachtungen auf dem Gebiet der Sprachverwendung auszugehen hat. Der ÜV eignet sich daher nicht besonders gut zur Abgrenzung funktioneller Einheiten im Inventar einer Einzelsprache (hier dient er vor allem als heuristisches Prinzip); er eignet sich hingegen hervorragend dazu, sich einen Gesamtüberblick über verschiedene konkurrierende Verfahren in verschiedenen Sprachen auf einem bestimmten Gebiet der Bezeichnung zu verschaffen (vgl. 5.3.1. und 5.3.2.) Möchte man den ÜV unmittelbar für die Übersetzungswissenschaft nutzbar machen, so hat man sich zunächst mit einem naheliegenden Einwand auseinanderzusetzen. Auch wenn man annimmt, daß man über ein Korpus von Optimallösungen verfügt (was nicht leicht zu entscheiden sein wird, wenn die Bewertungskriterien, die die Theorie liefern soll, noch gar nicht vorliegen), so stellen doch diese Lösungen möglicherweise nur einen Teil des theoretisch Möglichen dar. G. Jäger gibt daher mit Recht zu bedenken, daß die prädiktive Kraft eines solchen Vorgehens ziemlich gering ist, da die Übertragung der empirisch gewonnenen Einsichten auf den Bereich des Notwendig-Universellen problematisch ist. Er selbst schlägt ein Modell vor, das zwei Gesamtbeschreibungen der zeichenhaften Elemente der AS und der ZS beinhaltet, die wenigstens eindeutig aufeinander abbildbar sein müssen. Ein solches Modell würde die Herstellung richtiger und nur richtiger Übersetzungen ermöglichen, unter der Voraussetzung, daß die Richtung von AS zu ZS konstant bleibt, da die Projektivität des Modells nur in einer Richtung gewährleistet ist. Die Erstellung eines solchen Modells ist ein ehrgeiziges Projekt, das - wie Jäger selbst einräumt - noch weit von der Verwirklichung entfernt ist. Der ÜV möchte mit einem solchen Modell überhaupt nicht konkurrieren; er muß vielmehr als eine der Komponenten aufgefaßt werden, die zur Ausarbeitung eines solchen Modells herangezogen werden können. Denn schließlich kann man im Bereich der natürlichen Sprachen die von Jäger geforderte wenigstens eindeutige Abbildbarkeit der Menge der zeichenhaften Elemente der AS auf diejenige der ZS nicht einfach durch willkürliche Setzung erreichen, wie das im Fall von zwei konkurrierenden Terminologien ohne weiteres möglich wäre. Die Übersetzungstheorie ist wie die Linguistik eine empirische Wissenschaft und kann daher auf empirisch gewonnene Daten nicht verzichten. (Zu weiteren Fragen, z.B. "Übersetzungsfehler" im Korpus u.a. vgl. Literaturhinweise)

5.3. Einige "klassische" typologische Unterschiede des Deutschen und des Französischen

Auf den folgenden Seiten werden einige Erscheinungen behandelt, die bei der vergleichenden Betrachtung des Deutschen und des Französischen traditionell im Vordergrund gestanden haben. Der Ausdruck "typologische" Unterschiede erweckt möglicherweise falsche Erwartungen; es geht hier nicht um so allgemeine Kategorien wie "flektierend" oder "agglutinierend", andererseits aber auch nicht um so spezielle Probleme wie "die Übersetzung von deutsch 'wenn' ins Französische". Es geht um Unterschiede von mittlerer Tragweite; wir wollen zwei Komplexe davon wenigstens andeuten. In 5.3.1. kommen wir nochmals auf die bereits in 3.4.1.2. angeschnittene Frage des "allgemeineren" Ausdrucks im Französischen gegenüber dem "spezielleren" Ausdruck im Deutschen zurück; in 5.3.2. werden wir uns mit den frz. Textäquivalenzen der deutschen zusammengesetzten Verben befassen.

5.3.1. Die These, die wir bereits in anderem Zusammenhang referiert haben, umfaßt genauer betrachtet zwei Behauptungen: a) Der Wortschatz des Französischen enthält mehr Einheiten verhältnismäßig großer Extension als der des Deutschen. b) In frz. Texten kommen solche verhältnismäßig "allgemeinen" Lexeme häufiger vor als in deutschen Texten. Für die Anhänger des amerikanischen Behavioristen und Lexikonstatistikers Zipf ist Teil a) der These allerdings überflüssig, da er aus b) erschlossen werden kann. Zipf und seine Nachfolger nahmen nämlich an, daß die Häufigkeitsverteilung von Wörtern in Texten einer sogenannten "harmonischen" Reihe" gleicht, d.h. das zweithäufigste Wort kommt etwa halb so oft vor wie das häufigste, das dritthäufigste ein Drittel mal so oft, so daß die "Rangnummer" in der Reihenfolge der Häufigkeiten multipliziert mit der Textfrequenz etwa konstant bleiben ($r \cdot f = C$). Außerdem soll bei quadratisch wachsender Häufigkeit des Vorkommens der Bedeutungsumfang (er läßt sich numerisch nur als "Anzahl der Redebedeutungen" oder "Verwendungsmöglichkeiten" ausdrücken) linear zunehmen; der "Allgemeinheitsgrad" eines Wortes ließe sich demnach direkt aus seiner Häufigkeit herleiten. Wir glauben zwar, daß diese Beobachtungen im großen und ganzen stimmen, fassen den Zusammenhang aber als statistische Korrelation auf, die den Einzelfall in keiner Weise determiniert. In der Praxis wollen wir von folgender Annahme ausgehen: Behauptung b) ist nur da sinnvoll, wo Wahlmöglichkeiten zwischen "allgemeiner" und "spezieller" Formulierung desselben Sachverhaltes bestehen. Das ist vor allem dort der Fall, wo das Lexikon einer Nomenklatur ähnelt, die bis zu einem gewissen Grad hierarchisch geordnet ist, also im Bereich von Tieren und Pflanzen oder Gegenständen, die unter verschiedenen Gesichtspunkten klassifiziert werden können. Trifft die Behauptung b) auch im Hinblick auf diesen Bereich der Bezeichnung zu, so würden sich daraus höchst interessante Übersetzungsprobleme ergeben: Soll man z.B. *"hinter dem Haus stand eine alte Eiche"* mit *"derrière la maison se dressait un vieil arbre"* übersetzen, weil ein Franzose sich - bei vergleichbarem Anlaß - eher so ausgedrückt hätte? Untersucht man hingegen andere Zonen des Lexikons auf ähnliche Wahlmöglichkeiten hin, so wird man nur sehr wenige finden. Zwar gibt es im Deutschen (vgl. 3.4.1.2.) einige Syntagmen vom Typ "machen + dir. Objekt", in die wahlweise "speziellere" Verben eingesetzt werden können, ohne daß sich damit die semantische Relation zwischen Verb und Objekt ändert (wie etwa in *"Betten machen"* ≠ *"Betten herstellen"*), im Französischen scheint derselbe Fall jedoch seltener zu sein, da die Fügungen von transitivem Verb und direktem Objekt noch stärker lexikalisiert sind als im Deutschen. Man wird also in der Praxis vor allem auf Probleme der Diversifikation vom Französischen zum Deutschen stoßen, etwa auf die Frage, ob man *"faire du café"* im gegebenen Fall mit *"Kaffee machen"* oder *"Kaffee kochen"* übersetzen soll. Zusammenfassend kann zu diesem Punkt bemerkt werden, daß die Wahl des "Allgemeinheitsgrades" unterhalb der Satzebene in allen Sprachen in hohem Maß von Kontext- und Situationsbedingungen abhängt, so daß sich das Problem der "stilistischen" Wahl bei Übersetzungen nur selten stellen wird. (Das gilt jedoch sicherlich nicht für den Bereich oberhalb des Satzes, also z.B. für die Gestaltung von Texten). Kehren wir daher auf das Gebiet strengerer Determination, also zur Komponente a) unserer allgemeinen These zurück. Wenn a) richtig ist und wenn die von Zipf gefundenen Korrelationen nicht völlig falsch sind, so müßte ein französischer Text in der Regel weniger verschiedene Wörter enthalten als ein hinsichtlich seiner Ausdrucksabsicht vergleichbarer deutscher Text. Es gibt verschiedene Indizien dafür, daß sich diese Annahme tatsächlich belegen läßt. (Übersetzungsvergleiche eignen sich nicht besonders gut zur Überprüfung dieser Hypothese, da ZS-Texte in dieser Hinsicht immer gewisse Deformationen aufweisen werden). Was folgt nun aus dieser Erkenntnis für die Praxis der Übersetzung in die beiden Sprachen? Getrennt vorhandenen deutschen Zeichenformen werden nicht selten "Redebedeutungen" universeller verwendbarer Formen im Französischen entsprechen. (vgl. Beispiele in 3.4.1.2.). Das gilt nicht nur für die im vollen Sinne "lexikalischen" Einheiten (vgl. 3.3.), sondern auch für die Präpositionen. Um die Vielseitigkeit der Verwendungsmöglichkeiten der "abstrakten" frz. Präpositionen *à* und *de* im Vergleich zu den "konkreteren" oder "expliziteren" deutschen Präpositionen aufzuzeigen, bedient man sich gewöhnlich einer Reihe von Beispielen folgenden Typs:

les verres sales *de* la cuisine	: die schmutzigen Gläser *aus/in* der Küche
le train *de* Paris	: der Zug *aus/nach* Paris
la bataille *de* Leipzig	: die Schlacht *bei/um* Leipzig
le goût *du* risque	: die Freude *am*/ der Mut *zum* Risiko

Auf die Frage, ob dergleichen Beispiele tatsächlich als Hinweis auf einen höheren "Allgemeinheitsgrad" der frz. Präpositionen gewertet werden können, wollen wir hier nicht eingehen. Viel interessanter ist es, das Zustandekommen eines Fehlschlusses zu kommentieren, der beim Sprachvergleich im Zusammenhang mit ähnlichen Beobachtungsdaten häufig gemacht wird. Es handelt sich um eine Art von Deduktionsfehler; wir wollen ihn für unseren speziellen Fall auf eine syllogismusähnliche Form bringen: Relationen werden durch Präpositionen ausgedrückt. Das Deutsche besitzt explizitere Präpositionen als das Französische. Ergo werden die Relationen im Deutschen stärker expliziert als im Französischen. Es handelt sich hier um einen der klassischen Trugschlüsse, die dadurch entstehen, daß die erste Prämisse als universelle Behauptung ausgegeben wird, obwohl sie angesichts der Fakten als partikuläre auftreten müßte. Auf unseren Fall übertragen heißt das: Zwar werden diejenigen unter den im Französischen mit *de* oder mit *à* bezeichneten Relationen, die auch im Deutschen durch Präpositionen ausgedrückt werden, durch möglicherweise "explizitere" Einheiten bezeichnet, das heißt jedoch nicht, daß einer frz. "abstrakten" Präposition im Deutschen als Textäquivalenz tatsächlich immer eine Präposition entspricht. Der kritische Leser hat in Übung 5 - 5 Gelegenheit, selbst auszuprobieren, was es heißt, "konkurrierende Verfahren der Bezeichnung" in einer bzw. verschiedenen Sprachen zu vergleichen.

5.3.2. Ein weiterer, im üblicheren Sinne des Wortes "typologischer" Unterschied zwischen dem Französischen und dem Deutschen liegt in der unterschiedlichen Bedeutung, die das Verfahren der Wortzusammensetzung in den beiden Sprachen besitzt. Besonders "auffällig" nehmen sich dabei vom Französischen her gesehen die deutschen Verbalkomposita aus, insbesondere die "unfesten Zusammensetzungen" mit ihren abtrennbaren "Zusätzen" (particules séparables), deren syntaktisches Verhalten und deren außerordentlich vielfältige metaphorische Verwendungsmöglichkeiten dem deutschlernenden Franzosen große Schwierigkeiten machen (dem Engländer hingegen wohl vertraut sind). Unter kontrastivem Gesichtspunkt ist immer wieder auf eine Art von entbehrlicher Präzision, eine expressive Redundanz dieser Bildungen hingewiesen worden, da eines der beiden Elemente, an französischen Textäquivalenten gemessen, des öfteren "überflüssig" zu sein scheint. Wir geben für beide Fälle, für das "entbehrliche" Verb und für den "entbehrlichen" Zusatz einige Beispiele:

Typ I

Wir können nicht hinunter*laufen* in der Nacht
On ne peut pas se risquer à descendre, il fait trop nuit
la fumée sortait avec une régularité mécanique
die Rauchwolken *quollen* mit mechanischer Regelmäßigkeit hervor
Cette nuit-là une chauve-souris entra dans la chambre
In der Nacht *flog* eine Fledermaus ins Zimmer

Typ II

(fallen)		*fest*nageln	: clouer
*um*fallen	: tomber	*durch*schneiden	: couper
*hin*fallen		*ab*pflücken	: cueillir
*weg*werfen	: jeter	*her*geben	: donner

(Vgl. Literaturhinweise und Übung 4 - 3). Gegenüberstellungen dieser Art gehören zu den üblichen Kunstmitteln, die beim Entwurf scharf pointierter, im wahrsten Sinne des Wortes "kontrastiver" Skizzen des Deutschen und des Französischen eingesetzt werden. Malblanc formuliert sogar eine Übersetzungsregel: deutsche Bewegungsverben mit Richtungszusatz seien im allgemeinen durch "abstrakte" Richtungsverben (verbes signes) wiederzugeben; nur wenn der Kontext es unbedingt erfordere, seien adverbiale Bestimmungen hinzuzufügen. Wer indessen anhand eines umfangreichen Materials (das vor allem unterschiedliche Textsorten - also nicht etwa nur Romane - enthalten sollte) sämtliche frz. Textäquivalenzen deutscher Verbalkomposita untersucht, der wird feststellen, daß der durch die obenstehenden Beispiele repräsentierte Typ nicht besonders häufig auftritt. Je nach Richtung der Übersetzung sind hier wiederum zwei Gesichtspunkte zu unterscheiden: Vom Deutschen als AS aus gesehen sind in der Mehrzahl der Fälle beide Komponenten des Kompositums "notwendig", da sie eine inhaltliche Bestimmung enthalten, auf die bei der Übersetzung nicht verzichtet werden kann. Wir beschränken uns darauf, ganz wenige Gegenbeispiele zu den obenstehenden Serien zu geben - lexikalisierte Metaphern wie *vorwerfen* 'reprocher', *aufbrechen* 'partir', die unter den deutschen Verbalkomposita in überaus großer Zahl vertreten sind, wollen wir erst gar nicht berücksichtigen.

Zu Typ I

Sie ritt vorüber, er sah ihr nach
Elle passa sur *son cheval*, il la suivit *des yeux*

Das Beispiel steht stellvertretend für alle Fälle, in denen die Art der Fortbewegung nicht ohne weiteres aus Kontext und Situation erschlossen werden kann.

Sie (Undine) weinte, als wolle sie ihre Seele fortweinen ...
"Ich habe ihn totgeweint ..."
Elle pleurait comme si elle voulait que son âme s'écoulât *avec ses pleurs* ...
"Je l'ai fait mourir *de mes larmes* ..."

Das Beispiel steht stellvertretend für alle Fälle, in denen die Art der Aktion nicht ohne weiteres vom Resultat her rekonstruiert werden kann (Gegenbeispiel z. B. tot*schlagen* : tuer)

Zu Typ II

Die Flasche ist nicht *runter*gefallen, sie ist nur *um*gefallen
La bouteille n'est pas tombée *par terre*, elle a été *renversée*
(vgl. xxii in 3.3.1.)

Häufiger noch sind die Typen von Äquivalenzen, bei denen dem deutschen Verbalkompositum im Französischen zwar ein einfaches Verb entspricht, wo das betreffende Verb aber semantisch so komplex ist, daß man nicht behaupten kann, es entspreche nur dem deutschen Simplex. Es steht hier einfach ein morphologisch "motiviertes" Zeichen einem "opaken", aber semantisch genau so "expliziten" gegenüber:

er *zog* die Brauen *zusammen*
il *fronça* les sourcils

Geht man vom Französischen als AS aus, so darf man keineswegs erwarten, daß die im Zentrum der Diskussion befindlichen "verbes signes" wie *entrer*, *sortir*, *monter*, *descendre* etc. immer durch Fügungen vom Typ "Bewegungsverb + Richtungszusatz" wiedergegeben werden bzw. wiederzugeben sind. Eines der häufigsten Verben, das als Textäquivalent der frz. Richtungsverben erscheint, ist "*kommen*"; man kann sich von dieser Tatsache, die in der Literatur zu dieser Frage unseres Wissens nicht erwähnt wird, leicht mit Hilfe des Übersetzungsvergleichs überzeugen. Für "*descends*!" oder "*monte*!" sind sehr häufig "*komm runter/rauf*!" die natürlichsten Äquivalente und zwar nicht nur dann, wenn die Bewegung wirklich in Richtung auf den Sprecher verläuft; denn es besteht beim Gebrauch von *kommen* die Tendenz, das Koordinatensystem des Sprechers virtuell in den Zielpunkt der Bewegung zu verlegen (vgl. ich *komme* ziemlich oft nach München, mit dem Auto *kommt* man da nicht hin, weil ... etc.) Wer Malblanc folgt und *"ils entraient dans une forêt"* mit *"sie traten in einen Wald ein"* statt mit *"sie kamen/gelangten in einen Wald"* übersetzt, produziert eine im übertragenen Sinn "zu wörtliche" Übersetzung, die er vielleicht gerade durch Anwendung seiner theoretischen Kenntnisse vermeiden wollte. Als Äquivalente für *sortir* findet man häufig schlichtes *gehen (il sortit après avoir payé : er ging, nachdem er bezahlt hatte)* oder *verlassen (il sortit de l'hôtel : er verließ das Hotel)*. Oft zeigt sich im Französischen eine gewisse Redundanz bei der Richtungsangabe, die in deutschen Entsprechungen fehlt: *il descendit à terre* (vom Schiff) : *er begab sich an Land* etc. Viele weitere Beispiele für und wider die hier diskutierte Behauptung finden sich in den ausgewählten Literaturstellen. Unsere wenigen Belege lassen hoffentlich erkennen, auf was es in diesem Zusammenhang bei der Nutzbarmachung der Erkenntnisse der vergleichenden Sprachwissenschaft für die Übersetzung ankommt: Genau so wenig, wie aus dem Vergleich von Übersetzungen unmittelbar - d.h. ohne methodische Abstraktionen - auf Unterschiede der Sprachsysteme geschlossen werden darf, soll man Erkenntnisse, die auf einem relativ hohen Abstraktionsniveau erzielt worden sind, auf die Ebene der Texte projizieren. Verschiedensprachige Texte spiegeln nämlich nicht nur Unterschiede der zugrundeliegenden sprachlichen "Strukturen" wieder, sondern auch den unterschiedlichen Gebrauch, der von diesen Strukturen innerhalb der verschiedenen Sprachgemeinschaften gemacht wird.

5.4. Literaturhinweise

Zu 5.
Wartburg, Einführung, Kap.I,2, S.2-4
Heger, Begriffskategorien, Kap.I,2, S.3-13 (Semasiologie und Onomasiologie)

Zu 5.1.
Coseriu, Leistung, in toto (22 Seiten)
Wandruszka, Verbalstrukturen, in toto (17 Seiten) (auch zu 5.3.)
Bolinger (vgl. 4.3.)
Wagner, Probleme, in toto (21 Seiten); dort auch weitere Literatur zur KG
Kontrastive Grammatiken erscheinen u.a. in der folgenden Reihe:
Ferguson (Hrsg.), Contrastive Structure Series, University of Chicago Press

Zu 5.2.
Wandruszka, Sprachen (vgl. 3.)
Bausch, Verbum, S.1-9
Albrecht, Langue abstraite, Kap.III,0,b), S.92-104
Jäger, Elemente, Abschn. 4., S.47-50
Bausch/Gauger (Hrsg.), Interlinguistica; Abschn.III und IV zur Konsultation, Bibliographie der Arbeiten von Wandruszka, S.737-740
Einige vergleichende Darstellungen des Französischen und des Deutschen:
Strohmeyer, Stil
Bally, Linguistique (nur teilweise)
Lerch, Sprache
Malblanc, Stylistique
Ein Kuriosum für wissenschaftsgeschichtlich Interessierte:
Wechssler, Geist

Zu 5.3.
Gleason, Introduction, chap. 9.20. S.127
Wandruszka, Sprachen, Kap.28, S.459-482
Duden-Grammatik, §§ 667-677
Brinkmann, Sprache, S.240-258
Malblanc, Stylistique, chap.IV, §§ 37-40
Hilty, Strukturunterschiede, in toto (11 Seiten)
Albrecht, Langue abstraite (vgl.3.4.) und Kap.III,5, S.265-303

5.5. Übungen

5 - 1 *C'était moi qui a parlé à la télévision hier soir
*Ton siffler continuel m'énerve
*Dis-lui que je ne sois pas là
*Guten Morgen, Frau, schönes Wetter heute!
*S'il n'y a pas d'équivalent exact dans la langue d'arrivée, il faut recourir à une circonscription
*Tais-toi, je ne supporte pas les enfants braillants
*Die Tabletten haben nicht gehandelt
*Bei dieser Angelegenheit wirst du dir die Finger brennen!
Erklären Sie die Anomalien der obenstehenden ZS-Sätze aus Gegebenheiten der AS. Einige (nicht alle) Sätze weisen Abweichungen auf, die bereits behandelte Fragen betreffen. Geben Sie den jeweiligen Abschnitt, bzw. die Abschnitte an, in denen analoge Beispiele besprochen wurden.

5 - 2 In der deutschen und in der französischen normativen Stilistik treten zwei Forderungen auf, die sich genau zu entsprechen scheinen: die nach dem "treffenden Ausdruck" und die nach dem "mot juste". Bringen Sie die beiden Forderungen mit dem in 5.3.1. diskutierten Problem des "allgemeineren" bzw. "spezielleren" Ausdrucks in Verbindung. Welche Unterschiede lassen sich feststellen?

5 - 3 nettoyer, essuyer, balayer, laver, purifier, débarbouiller
säubern, reinigen, waschen, kehren, putzen, aufwischen
a) Versuchen Sie, die Wörter der beiden Serien von "Synonymen" inhaltlich genauer zu bestimmen (Sie können dabei intensional, d.h. durch Angabe von Inhaltsmerkmalen, oder extensional, d.h. durch Angabe typischer Verwendungsmöglichkeiten verfahren.)
b) Versuchen Sie, die Wörter hierarchisch zu ordnen (Hyponomierelationen anzugeben) evtl. unter Zuhilfenahme anderer, oben nicht aufgeführter Einheiten.
c) Fertigen Sie eine Skizze der Entsprechungsmöglichkeiten zwischen den deutschen und den französischen Verben an.

5 - 4 (i) Die Strompfeiler *standen* wie leere Riesentore im Strom
Les piles du pont *jaillissaient* des flots ...
(ii) Der Garten *lag* wüst, aber der alte Walnußbaum *stand* an seinem Platz
Le jardin *était* abandonné ... *se dressait* à sa place
(iii) Das tat ich so gern: die Blätter aufschneiden, das schlechte weg und das gute ins Sieb werfen, wo es so grün und sauber *lag*
... così verde e pulita *a vedersi*
... donde *queda nadando,* verde y limpio
(iv) ... ces minuscules poissons, qui s'attaquent au nageur imprudent, le *nettoient* en quelques instants, *à petites bouchées rapides*
die ... ihn mir nichts dir nichts *sauberbeißen*
a) Erklären, rechtfertigen oder kritisieren Sie die Übersetzungen der (kursiven) deutschen Positionsverben in (i) - (iii)
b) Bally hat vor 60 Jahren im Hinblick auf gewisse frz. Textäquivalente deutscher Verbalkomposita festgestellt: "Ses [de l'allemand] innombrables verbes prégnants du genre *festnageln, durchstechen* etc. sont plus brefs que les tournures françaises quand il est nécessaire de tout rendre." Kommentieren Sie diesen Satz anhand von (iv) und von Beispiel xxii in 3.3.1.
c) Was haben die Fälle a) und b) miteinander gemein?

5 - 5 a) Stellen Sie in groben Umrissen fest, welche Arten von Entsprechungen die frz. Präposition *de* in deutschen Texten haben kann.
b) Welche Möglichkeit gibt es im Deutschen, die "Richtungsneutralität" (Ambiguität) von *le train de Paris* nachzuahmen?
c) Übersetzen Sie: "Es war nicht nur eine Schlacht bei Leipzig, es war eine Schlacht um Leipzig".

6. SOZIO-STILISTISCHE PROBLEME DER ÜBERSETZUNG

Moderne Nationalsprachen wie "Russisch", "Französisch" oder "Italienisch" sind bekanntlich alles andere als homogene Gebilde, die nach einheitlichen Prinzipien beschrieben werden können. Am besten wissen das die Strukturalisten, denen man häufig vorgeworfen hat, sie versuchten zu systematisieren, was nicht zu systematisieren ist. Dieser Vorwurf wird jedoch weitgehend zu Unrecht erhoben; denn keinem ernsthaften, auf strukturalistischer Grundlage arbeitenden Linguisten würde es einfallen, ein so uneinheitliches Gebilde wie "die deutsche Sprache" in ein einheitliches System pressen zu wollen - es würden dabei eine Menge von inneren Widersprüchen auftreten. Jede Nationalsprache - die eine in stärkerem, die andere in schwächerem Maße - weist innere Unterschiede auf, die natürlich auch bei der Übersetzung zu beachten sind. Sehen wir uns zunächst das folgende Textpaar an:

> En moins de deux, on l'a eu filé à poil, la meilleure recette selon
> Pierrot pour l'empêcher de se tirer. (i a)
> Geschwinde ward er vollständig entkleidet; Pierrot erblickte darin
> das beste Mittel, ihn daran zu hindern, das Weite zu suchen (i b)

Wollten wir die Übersetzung (i b) an unserem Schema 2 - 6 messen, so wäre gar nicht besonders viel an ihr auszusetzen; denn beide Sätze beschreiben denselben, oder doch einen sehr ähnlichen Sachverhalt. Wer jedoch einigermaßen Französisch und Deutsch versteht, wird zweifellos der Übersetzung (i c) - bei aller Unvollkommenheit - den Vorzug geben:

> Ruckzuck haben wir ihm die Klamotten ausgezogen, Pierrots Meinung
> nach das beste Mittel, um ihn am Verduften zu hindern. (i c)

Unterschiede, wie sie zwischen (i b) und (i c) bestehen, werden uns im folgenden zu interessieren haben.

6.1. Nationalsprache und Modalitäten der Nationalsprache

Es sind verschiedene Versuche unternommen worden, die sozio-stilistischen Varianten, die innerhalb einer Nationalsprache auftreten können, systematisch darzustellen. Wir können auf den wenigen zur Verfügung stehenden Seiten keinen

Überblick über die theoretischen Bemühungen auf diesem Gebiet geben und beschränken uns daher darauf, auf einige der wichtigsten Gesichtspunkte hinzuweisen. Dazu gehört E. Coserius Unterscheidung von "historischer" und "funktioneller" Sprache. Um Mißverständnissen vorzubeugen wollen wir gleich betonen, daß die Unterscheidung i n n e r h a l b der synchronischen Sprachbetrachtung getroffen wird. Unter "historischer" Sprache ist eine "historisch gewordene" Sprache zu verstehen, die einer Sprachgemeinschaft als Kommunikationsmittel dient, also z.B. "Französisch", oder, wiederum um Mißverständnisse auszuschalten, "modernes Französisch". Die "funktionelle" Sprache ist dagegen ein Ausschnitt der "historischen" Sprache, innerhalb dessen nur Einheiten mit distinktiver Funktion auftreten, also keine freien oder sogenannten "stilistischen" Varianten. "*Brötchen*" und "*Brezel*" gehören in einer Vf. geläufigen Modalität des Deutschen zur selben funktionellen Sprache, "*Wecken*", "*Semmel*" "*Schrippe*" dagegen nicht; es sind vielmehr ungefähre lexikalische Äquivalente, die aus verschiedenen regionalen (bei Coseriu "diatopischen") Modalitäten des Deutschen stammen, ohne deshalb - zumindest nicht in ihrer phonetisch "normalisierten" Form - als rein dialektal eingestuft werden zu müssen. (Damit soll jedoch keineswegs behauptet werden, daß es keine Modalität des Deutschen gäbe, innerhalb derer zwei Einheiten wie "*Brötchen*" und "*Semmel*" sich wirklich oppositiv verhalten; in diesem Falle wären sie zur selben funktionellen Sprache zu rechnen). Der Begriff der "funktionellen" Sprache ist gelegentlich als "strukturalistisches Konstrukt" kritisiert worden, das keiner Realität auf dem Gebiet der beobachtbaren sprachlichen Äußerungen entspreche. Diese Behauptung ist selbstverständlich richtig - die damit verbundene Kritik ist jedoch weitgehend unberechtigt. Seltsamerweise werden begriffliche Abstraktionen wie "Französisch" oder "Deutsch" selten in dieser Hinsicht kritisiert, obschon sie ebenfalls keinen direkt beobachtbaren sprachlichen Gegebenheiten entsprechen. Der einzige Unterschied, der zwischen beiden Konstrukten besteht, liegt in ihrer Eingebürgertheit; man ist seit langem gewohnt, mit den üblichen Namen für die verschiedenen Nationalsprachen zu operieren, wohingegen der Begriff der "funktionellen" Sprache relativ neu und ungewohnt ist. Die Schwierigkeiten und Verwechslungen auf diesem Gebiet entstehen vor allem dadurch, daß man geneigt ist, einen I d e o l e k t , d.h. die Gesamtheit der sprachlichen Erscheinungen, die den sprachlichen Äußerungen einer einzelnen Person zugrundeliegen, als Maßstab zu verwenden. Ein Ideolekt kann weder als Maßstab für eine "historische" noch für eine "funktionelle" Sprache dienen; denn keine Einzelperson schöpft alle Möglichkeiten einer Nationalsprache aus (weder aktiv noch passiv) und kein Sprecher bewegt sich in längeren Äußerungen ausschließlich innerhalb einer funktionellen Sprache. Das nimmt jedoch dem Begriff der "funktionellen" Sprache nichts von seiner theoretischen Brauchbarkeit; man darf nur nicht erwarten, je Texte anzutreffen, die sich in den Termini einer einzigen funktionellen Sprache beschreiben lassen. Unterschiede innerhalb einer funktionellen Sprache sind im strengen Sinne distinktiv, d.h. sie drücken eine Unterscheidung aus, die für das Funktionieren der betreffenden Sprache charakteristisch und notwendig ist. Unterschiede zwischen zwei funktionellen Sprachen innerhalb einer historischen Sprache sind dagegen "stilistisch", d.h. sie stellen in gewisser Hinsicht immer unterschiedliche Möglichkeiten dar, "dasselbe auf andere Weise zu sagen", jedoch in paradigmatischer Hinsicht, nicht in syntagmatischer Hinsicht, wie im Fall von Paraphrasen. Paraphrasieren kann man selbstverständlich auch innerhalb einer funktionellen Sprache. Dem aufmerksamen Leser wird nicht entgangen sein, daß wir dabei sind, eine Unterscheidung wiederaufzugreifen, die wir in einem etwas anders gearteten theoretischen Kontext schon in 3.4.2. kurz behandelt haben: die Unterscheidung von denotativer und konnotativer Bedeutung. Ein großer Teil der Unterschiede, die zwischen vergleichbaren Einheiten zweier funktioneller Sprachen innerhalb einer historischen Sprache bestehen, kann man als konnotative Unterschiede interpretieren.

6.1.1. Die Dichotomie d e n o t a t i v - k o n n o t a t i v wird in der Literatur nicht in einheitlicher Weise verwendet. Es tritt zunächst die bereits angedeutete Schwierigkeit auf, daß, wie aus unserer Vergleichstabelle in 2.2.3. zu entnehmen ist, *denotatum* in Verbindung mit *significatum* im Sinne von "Bezeichnetes" verwendet wird, was zur Folge hat, daß die Unterscheidung von denotativer und konnotativer Bedeutung manchmal im Sinne von extensional vs. intensional interpretiert wird (so z.B. bei Mounin, problèmes, chap. X, S.144f.). Hier geht es jedoch um etwas anderes. Der Unterschied von Denotation und Konnotation wird in der deutschsprachigen Literatur gern mit Metaphern wie "intellektueller Kern" der Bedeutung bzw. "gefühlsmäßige Nebentöne" bezeichnet, jedoch scheint uns diese Ausdrucksweise ziemlich unbefriedigend. Wir wollen die Dichotomie - mehr oder weniger im Sinne der Kopenhagener Schule - folgendermaßen interpretieren: Unter "Denotation" verstehen wir das, wofür das Zeichen kraft seiner Funktion steht (der Unterschied zwischen Bedeutung und Bezeichnung ist in diesem Zusammenhang weniger wichtig), unter "Konnotation" dagegen das, was das Zeichen über seinen normalen Inhalt hinaus evoziert, indem es an die Umgebung erinnert, in der es normalerweise gebraucht wird. Ein rotes Signallicht neben einer Bahnstrecke hat eine bestimmte, dem Lokomotivführer wohlbekannte Bedeutung. Wird es jedoch z.B. in einem Farbfilm gezeigt, so kann es eine starke konnotative Bedeutung annehmen, zumindest für diejenigen Zuschauer, die keine Lokomotivführer sind; es evoziert dann möglicherweise Vorstellungen wie "Reise", "Ferne", "Abschied" etc. Ebenso kann ein Wort wie "Holz", das normalerweise hinsichtlich seiner gefühlsmäßigen Nebenbedeutungen völlig neutral zu sein scheint, eine wichtige konnotative Bedeutung erhalten, wenn es z.B. von einem Deutschen auf einer Pazifikinsel vernommen wird, wo er gerade einmal keine Landsleute erwartet hätte. Von vielen sogenannten "Synonymen" (vgl. 3.4.2.) wird angenommen, daß sie sich nur hinsichtlich ihrer Konnotationen, nicht hinsichtlich ihrer denotativen Bedeutung unterscheiden. Dieser Ansicht gegenüber ist Skepsis angezeigt; genau so selten, wie es in zwei historischen Sprachen wirklich exakte lexikalische Äquivalente gibt, kommt genaue denotative Übereinstimmung zweier Elemente aus zwei funktionellen Sprachen innerhalb einer historischen Sprache vor. In den Fällen, um die es hier geht, sind allerdings die konnotativen Unterschiede sehr viel wichtiger als die denotativen und daher als primär anzusehen. Wir können also mit zu vernachlässigender Ungenauigkeit annehmen, daß zwei Syntagmen wie "*tuer un homme*" und "*descendre un type*" unterschiedliche konnotative bei identischer denotativer Bedeutung haben. Das ändert jedoch nichts an der Tatsache, daß vorwiegend konnotative Bedeutungsunterschiede mit geeigneten Mitteln in Texten häufig in denotative umgewandelt werden können. Zwischen "*crever*" und "*mourir*" (von Menschen gesagt) besteht ein vorwiegend konnotativer Unterschied, wenn man folgende Sätze vergleicht:

Si tu bouffes ça, tu vas crever (ii a)
Si tu manges cela, tu vas mourir (ii b)

Das gilt jedoch nicht mehr uneingeschränkt für die Verwendung der beiden Verben in (ii c):

Tu vas peut-être mourir, moi, je vais tout simplement crever (ii c)

6.1.2. Manche Kritiker des Begriffs der "funktionellen" Sprache sehen die Hauptschwierigkeit beim Operieren mit ihm in der Abgrenzung des von ihm bezeichneten Gegenstandes. Es ist eine unbestreitbare Tatsache, daß funktionelle Sprachen innerhalb einer historischen Sprache keineswegs durchgehend unterschiedlich gestaltet sind, sie haben vielmehr sehr viele Einheiten gemeinsam. M. Wandruszka zieht es daher z.B. vor, von K o n s t a n t e n vs. V a r i a n t e n zu sprechen. Unter den "Konstanten" ist der Durchschnitt aller Mengen der zeichenhaften Elemente der verschiedenen funktionellen Sprachen innerhalb einer historischen Sprache zu verstehen; der Rest, also Vereinigungsmenge minus Durchschnitt, stellt die "Varianten" dar. Alle Elemente, die zum Durchschnitt gehören, sind definitionsgemäß innerhalb der Nationalsprache uneingeschränkt verwendbar, alle übrigen Einheiten hingegen nur unter bestimmten sozio-stilistischen Bedingungen. Handelt es sich dabei um lexikalische Einheiten - was keineswegs notwendigerweise der Fall zu sein braucht, denn sozio-stilistische Unterschiede gibt es auch im Bereich des Komplexes Morphologie-Syntax und der Phonologie - so erhalten sie einen "Index" wie "gehoben", "fachsprachlich", "verwaltungssprachlich", "familiär", "vulgär" etc., ein Verfahren, das - allerdings in höchst unvollkommener Weise - von den Lexikographen seit jeher verwendet worden ist. In der Erarbeitung der Kriterien für die Indizierung sehen wir denn auch das Hauptproblem bei der Unterscheidung verschiedener Modalitäten einer Nationalsprache, denn auch wenn man das Konstanten-Varianten-Modell der Annahme von verschiedenen funktionellen Sprachen vorzieht, so wird man bemüht sein, die Indizierung der Varianten nicht nach ad-hoc-Kriterien vorzunehmen, da man sonst leicht Gefahr liefe, fast genau so viele unterschiedliche Indizes wie Varianten zu erhalten.

6.1.3. In Anlehnung an L. Flydal spricht E. Coseriu von "Struktur", wenn er sich auf eine funktionelle Sprache bezieht und von "Architektur", wenn es um die verschiedenen Modalitäten einer Nationalsprache geht. Flydal hatte zwei hinreichend allgemeine Kriterien vorgeschlagen, nach denen die Aussonderung verschiedener funktioneller Sprachen vorzunehmen sei; Coseriu hat ihnen ein drittes hinzugefügt:

a) diatopische Unterschiede, d.h. Unterschiede im geographischen Raum. Man könnte auch von dialektalen Unterschieden sprechen, sofern es sich nicht um völlig geschlossene Dialekte handelt, die gegenüber der Nationalsprache verhältnismäßig selbständig sind. Die Erforschung dieser Unterschiede ist Aufgabe der Sprachgeographie.
b) diastratische Unterschiede, d.h. Unterschiede, die für die verschiedenen sozial-kulturellen Schichten einer Sprachgemeinschaft charakteristisch sind. Die Erforschung dieser Unterschiede ist Aufgabe der Soziolinguistik.
c) diaphasische Unterschiede, d.h. Unterschiede der Ausdrucksabsicht, die ihrerseits durch die Sprechsituation determiniert wird. Aus Symmetriegründen würde man gerne schreiben, die Erforschung dieser Unterschiede sei Aufgabe der "Stilistik", jedoch wird dieser Terminus bereits für so viele verschiedenartige Betätigungen im Bereich der Sprachbetrachtung verwendet, daß man ihn in diesem präzisen Kontext wenigstens in Anführungszeichen setzen muß.

Ob die genannten Kriterien zur zufriedenstellenden Aussonderung verschiedener "funktioneller" Sprachen bzw. zur Indizierung der "Varianten" ausreichen, mag dahingestellt bleiben. In jedem Fall handelt es sich dabei um kein starres Einteilungsprinzip, das keine Mehrfachfunktionen zuläßt; die meisten diatopischen und diastratischen Unterschiede können z.B. diaphasisch verwendet werden. Ein Dialektwort kann absichtlich gebraucht werden, um eine Atmosphäre der Vertraulichkeit zu schaffen, ein Slangausdruck wird möglicherweise vor allem deshalb geäußert, weil jemand die Verweigerung der Anpassung an die Riten des eigenen sozialen Milieus bekunden möchte. Wir wollen im Folgenden nur auf die diatopischen und die diastratischen Unterschiede eingehen, weil hier starke Unterschiede zwischen dem Französischen und dem Deutschen bestehen, die zu erheblichen Schwierigkeiten bei der Übersetzung führen.

6.2. Unterschiede der "Architektur" im Französischen und im Deutschen

Dieser Abschnitt kann sehr kurz gehalten werden, da die Erscheinungen, um die es geht, seit langem bekannt und ausführlich beschrieben worden sind. Das Deutsche ist eine diatopisch stark gegliederte Sprache, das Französische weist nur verhältnismäßig wenige regionale Unterschiede auf. Das Französische ist dagegen eine diastratisch stark differenzierte Sprache, während die diastratischen Unterschiede im Deutschen sehr viel stärker als im Französischen an diatopische Unterschiede gekoppelt sind; mit anderen Worten: es gibt im Deutschen keine wirklich überregionale Vulgärsprache. Die Übersetzungsschwierigkeiten, die sich aus der zuerst erwähnten Divergenz ergeben, sind allgemeiner Natur und nicht typisch für die deutsch-französische Übersetzung; denn auch wenn AS und ZS beide starke diatopische Unterschiede aufweisen, entstehen Übersetzungsprobleme, die sich nie zufriedenstellend lösen lassen. Soll man etwa die sprachlichen Eigentümlichkeiten eines Texaners in einem amerikanischen Roman durch leichte Anklänge an das Bairische wiedergeben? Die an zweiter Stelle genannte Divergenz führt dagegen zu Problemen, die speziell bei der Übersetzung aus dem Französischen ins Deutsche auftreten. Vf. hat selbst ein verhältnismäßig großes Korpus von frz. Texten, die vulgärsprachliche Passagen enthalten, ausgewertet und die entsprechenden deutschen Übersetzungen auf ihre "Stimmigkeit" hin überprüft; das Ergebnis war häufig unbefriedigend, und das lag nur selten an der Unfähigkeit der Übersetzer. Das Hauptproblem liegt darin, daß die als Äquivalente zur Verfügung stehenden umgangssprachlichen oder slangähnlichen Ausdrücke regional verschieden sind und daher auf einen Leser aus einer anderen Gegend nicht "umgangssprachlich" sondern eher gekünstelt wirken. So kann ein Süddeutscher mit "*pofen*" für 'schlafen' nicht viel anfangen und auch "*pennen*" ist noch nicht wirklich eingebürgert; für "*siffler un verre*" wird sich ein süddeutscher Übersetzer notfalls für "*einen heben*" entscheiden, während "*einen zur Brust nehmen*" oder gar "*ein Bierchen zischen*" ganz unerwünschte Assoziationen auslöst. Die Verwendung von süddeutschen umgangssprachlichen Wörtern im norddeutschen Milieu ist noch viel undenkbarer, sie würden dort immer eher als "dialektal" denn als "familiär" oder "vulgär" eingestuft.

6.3. Einige Gemeinsamkeiten der französischen und der deutschen Umgangs- und Vulgärsprache

Bei allen Unterschieden der "Architektur" zwischen den beiden Sprachen gibt es doch einige auffällige Gemeinsamkeiten, was die Art und Weise betrifft, in der zeichenhafte Elemente der Gemeinsprache innerhalb niederer Stilebenen auftreten können. Es handelt sich dabei um eine Reihe sehr ähnlicher morphologisch-semantischer Verfahren. Die folgende Klassifikation berücksichtigt nur einige besonders auffällige Erscheinungen; sie ist daher provisorisch und ergänzungsbedürftig:

a) speziell umgangssprachliche Ableitungen: Die zugrundeliegenden Wörter gehören einer neutralen Stilebene an, die Ableitungen werden nur innerhalb einer niederen Stilebene verwendet. Im Deutschen sind innerhalb dieser Gruppe besonders häufig Ableitungen von Tiernamen anzutreffen.
ochsen, reihern ('sich erbrechen'), büffeln, tigern, maulen etc.
saucissonner ('ligoter'), gazer ('aller à souhait'), bazarder ('vendre bon marché'), boissonner ('boire avec excès') etc.

b) speziell umgangssprachliche "Metaphern", bzw. Ableitungen von solchen Metaphern:
Loch 'Gefängnis', Birne 'Kopf', Flasche 'unfähiger Kerl', spinnen 'geistig nicht ganz normal sein' etc.
dérailler 'déraisonner', les pinces 'les jambes, les pieds', percher 'se trouver', décrocher 'atteindre, obtenir qc' etc.
Loch 'Gefängnis' → einlochen 'ins Gefängnis bringen'
Blech 'Geld' (heute verschwunden) → blechen 'bezahlen'
crèche 'demeure' → crècher 'habiter'
flotte 'eau' → flotter 'pleuvoir' etc.

c) "reflexive" oder "elliptische" Verwendung von Verben, fast immer mit einer Art von "metaphorischer" Verwendung verbunden:
sich drücken, sich verziehen, sich schaben ('sich ärgern'), sich fühlen, sich haben etc.
se tailler, se tirer, s'amener, s'envoyer, se farcir, se taper, se brosser ('se passer de qc'), se pointer ('arriver qp') etc.
daran glauben müssen, sich ranhalten etc. (Auf diesen Typ bewegen sich zu: darauf stehen, darauf pfeifen, sich nicht darum scheren etc., jedoch können hier die pronominalen Elemente noch jederzeit substituiert werden: ich pfeife auf das Examen)
ne pas s'en faire ('ne pas s'inquiéter'), ne pas y couper (ne pas être épargné') etc.

Zu den "reflexiven" Verben dieser Art wäre anzumerken, daß es sich dabei immer um den auch in der gehobenen Sprache häufig auftretenden Typ handelt, bei dem das Reflexivpronomen durch kein anderes Pronomen oder Nomen ersetzt werden kann - wie etwa bei *sich waschen* - und die daher als einstellige Prädikate aufgefaßt werden können. Der Ausdruck "elliptische" Verwendung - der bei einer ausführlicheren Untersuchung durch einen geeigneteren zu ersetzen wäre - kann seine Herkunft aus der diachronischen Sprachbetrachtung nicht verleugnen; Syntagmen wie *t'en fais pas* werden nämlich gewöhnlich historisch von Wendungen wie *ne te fais pas de bile* oder *de mauvais sang* hergeleitet.

6.3.1. Alle Gemeinsamkeiten, die wir hier aufgeführt haben, betreffen die Verfahren, mit denen zeichenhafte Elemente der gehobenen Sprache in einer für niederere Sprachebenen charakteristischen Weise verwendet werden können; das bedeutet nicht, daß es sich dabei um die charakteristischen Erscheinungen niederer Sprachschichten schlechthin handelt. Ebensowenig ist natürlich davon auszugehen, daß der hier beschriebenen Parallelität der Verfahren analoge Verwendungsmöglichkeiten in Texten entsprechen; so etwas kommt nur verhältnismäßig selten vor, etwa im Fall von *se tirer : sich verziehen*. Jedoch kann die Kenntnis dieser verschiedenen, in beiden Sprachen vorhandenen Möglichkeiten dem Übersetzer erste Anhaltspunkte dafür geben, in welcher Richtung er suchen muß.

6.4. Literaturhinweise

Zu 6.1.
Coseriu, Structure, Abschn. 2.5.
Catford, Theory, chap. 13, S.83-92
Lyons, Introduction, chap. 10.2.4., S.448-450 (vgl. auch 3.4.2.)
Nida/Taber, Theorie, Kap. 5, S.98-105
Güttinger, Zielsprache, S.126-132 (Kein Gefühl für den Gefühlswert)
Wandruszka, Interlinguistik, Kap. 6, S.105-126
Wandruszka, Bilinguisme, in toto (etwa 15 Seiten; erscheint)

Zu 6.3.
Bally, Stylistique (zur Konsultation)

6.5. Übungen

6 - 1 In einem Aufsatz zur Übersetzungstheorie grenzt M. Wandruszka den Terminus "Konnotation" gegenüber den "Indizes" ab, mit denen er die "Varianten" einer Nationalsprache versehen möchte: "Il ne faut pas confondre ces i n d i c e s avec ce qu'on est convenu d'appeler les connotations, c'est à dire toutes les associations suggérées par les mots, les phrases les intonations. Le mot *enfance* évoque mille associations affectives, tout en étant un mot "standard"; le mot *septante* porte l'indice socioculturel "régionalisme" et ne possède pas de connotations associatives particulières."

a) Worin unterscheidet sich die Verwendung des Terminus' in 3.4.2. und 6.1.1. von derjenigen bei Wandruszka und anderen Sprachwissenschaftlern?
b) Welches Verhältnis besteht zu den "mitempfundenen Bedeutungen" bei Nida/Taber?
c) Welche Disziplin untersucht die "Konnotationen" im Sinne Wandruszkas?

6 - 2
(i) Combien t'as payé ce costard?
J'y ai mis le prix ... Je l'ai pas *fauché*
(ii) On l'avait *vidé* après une affaire de cocaïne (Céline)
(iii) Irais-je la *taper* de cinquante ou bien de cent dollars pour commencer? (Céline)
(iv) J'*éclusais* une gorgée de gin, ça aidait beaucoup à la méditation
(v) Ils ont dit que quand on a un mari qu'est un salaud de skalibre, y a qu'une chose à faire, qu'à l*bousiller* (Quenau)
(vi) Je peux plus *bouffer* quand je te regarde (Sartre)

(vii) Presque tous les soirs il allait *draguer* dans les bistrots du coin
(viii) Elle s'appuya contre l'échoppe et, profitant de ce que Gridoux bouffant ne pouvait discourir, elle aborda ses problèmes personnels (Quenau)

a) Übersetzen Sie (i) - (viii) ins Deutsche, wenn möglich mit Alternativlösungen
b) Was bedeuten die in (iv), (v), (vi), und (vii) vorkommenden (kursiven) Verben "eigentlich", d.h. in nicht übertragener Verwendung?
c) Welche "stilistischen" (vgl. 6.1.3.c)) Eigentümlichkeiten lassen sich in (viii) erkennen?

7. PRAKTISCHE ASPEKTE DER ÜBERSETZUNG

In der Einleitung hatten wir uns die Frage zu stellen, ob und inwiefern die Linguistik für die Übersetzung zuständig sei. Wir haben uns bemüht, nicht den Eindruck aufkommen zu lassen, wir hielten eine gute linguistische Vorbildung für eine unabdingbare Voraussetzung erfolgreicher übersetzerischer Tätigkeit. Die vorhergehenden Kapitel erheben nicht den Anspruch, eine Vorschule des Übersetzens zu sein. Sie haben vielmehr das Ziel, dem Romanisten auf der Grundstufe seines Studiums (mit Einschränkung auch dem Anfänger in anderen Neuphilologien) dabei behilflich zu sein, zwischen zwei sehr unterschiedlichen Tätigkeiten zu vermitteln, mit denen er gleich zu Anfang seines Studiums konfrontiert wird. In den linguistischen Einführungskursen wird er dazu angehalten, sehr einfaches sprachliches oder besser "textliches" Material mit verhältnismäßig komplizierten, im günstigen Fall kohärenten Methoden zu analysieren und zu beschreiben; in den Übersetzungsübungen - auch in denen der Anfängerstufe - sieht er sich dagegen genötigt, ein ungleich komplexeres, differenzierteres Textmaterial in eine andere Sprache zu übertragen. Die theoretischen Hilfsmittel, die ihm dabei zur Verfügung gestellt werden, haben oft einen entmutigend reichhaltigen und unübersichtlichen Charakter. Es muß der Eindruck entstehen, die einzig mögliche Übersetzungsstrategie sei die Befolgung einer von einer langen Reihe von Vorgängern ausgetüftelten Kasuistik. Die Sprachwissenschaft kann hier - in einigen elementaren Fragen - klärende Hilfestellung geben und sich so für die vielfältigen Denkanstöße revanchieren, die sie - oft uneingestandenermaßen - der Tätigkeit des Übersetzens verdankt. Jedoch darf deshalb nicht übersehen werden, daß die Übertragung eines konkreten Textes von einer Sprache in eine andere eine Aufgabe ist, die immer ein beträchtliches Maß an Kasuistik erfordern wird. Mit anderen Worten: es ist zweifellos wichtiger für jemanden, der ein guter Übersetzer werden will, das Handwerk oder, wenn man will, die Kunst des Übersetzens zu erlernen, als ein guter Linguist zu sein. Bei der heutigen wissenschaftstheoretischen Ausrichtung der Linguistik läßt sich vorhersagen, daß alles, was die Linguisten in näherer Zukunft zum Problem der Übersetzung beizutragen haben, unmittelbar für die MT wird nutzbar gemacht werden können; die dazu notwendigen Programmiertechniken haben längst das entsprechende Niveau erreicht. Aber auch die größten Optimisten unter den Theoretikern der MT nehmen nicht an, daß der menschliche Übersetzer deshalb in näherer Zukunft arbeitslos werden wird. Seine wichtigste Aufgabe wird in etwas fernerer Zukunft darin bestehen, die Arbeiten zu übernehmen, die von der Übersetzungsmaschine noch nicht oder vielleicht nie übernommen werden können. Aus diesem Grund schien es uns angezeigt, einem - wenn auch noch so dünnen - Arbeitsheft mit dem Titel "Linguistik und Übersetzung" einen kurzen Anhang beizugeben, in dem es um vorwiegend praktische Übersetzungsprobleme geht. Dabei soll die Praxis der Ausbildung im Rahmen der neuphilologischen Studiengänge besonders berücksichtigt werden. Die wenigen Seiten richten sich also nur an Anfänger vorwiegend auf dem Gebiet der Romanistik; die "Profis" auf den Übersetzer- und Dolmetscherinstituten genießen ohnehin in ihrer Grundausbildung eine weit ausführlichere Einweisung in die Arbeitstechnik, als die wenigen Hinweise auf den folgenden Seiten sie bieten können.

7.1. Arbeitsmittel

Zur Ausrottung des Aberglaubens, das zweisprachige Wörterbuch sei das einzige Hilfsmittel des Übersetzers, ist von anderer Seite schon genug unternommen worden. Leider kann man in Proseminaren häufig feststellen, daß dem zweisprachigen Wörterbuch nicht nur bei der Übersetzung, sondern auch bei anderen im Studium anfallenden Arbeiten eine viel zu große Bedeutung beigemessen wird. Das alles soll natürlich nicht heißen, daß zweisprachige Wörterbücher überflüssig seien. Sie haben vielmehr zwei wichtige Funktionen. Die erste ist die der Aktivierung des passiven Wortschatzes des Übersetzers in der fremden, aber auch in der Muttersprache; häufig kennt man ein Wort ganz genau, weiß auch, wie es gebraucht wird, aber es fällt einem nicht ein. Es gibt überraschend viele Leute, die zwei Sprachen ziemlich gut können und doch nur mit großer Mühe und mangelhaftem Erfolg von der einen in die andere übersetzen können, weil sie sich beider Sprachen unabhängig voneinander zu bedienen pflegen. Das ist - um unseren Vergleich in der Invariantenfrage in 1. nochmals aufzunehmen - wie wenn man in zwei Währungsgebieten zuhause ist, die Angemessenheit von Preisen beider Gebiete spontan beurteilen kann, aber dennoch große Schwierigkeiten beim Umrechnen hat. Die zweite Funktion eines zweisprachigen Wörterbuchs ist die, erste Anhaltspunkte dafür zu liefern, in welcher Richtung man bei der Wahl der Äquivalenz zu suchen hat - der letzten Entscheidung in dieser Frage sollte beim geringsten Zweifel immer die Konsultation eines einsprachigen Wörterbuchs vorausgehen. Das gilt natürlich besonders für die Übersetzung in die Fremdsprache, jedoch bei den geringsten Schwierigkeiten, auch für die Übersetzung in die Muttersprache; denn niemand sollte sich anmaßen, die eigene Kompetenz als maßgebend für die gesamte Sprachgemeinschaft zu betrachten. Sollte in Ausnahmesituationen einmal kein einsprachiges Wörterbuch zur Hand sein, so kann man sich in der Regel durch die "Gegenprobe" vor den schlimmsten Fehlleistungen bewahren (vgl. Übung 1 - 4 b)); man schlägt z.B. bei der deutsch-französischen Übersetzung ein Wort im deutsch-französischen Teil eines zweisprachigen Wörterbuchs nach und überprüft sämtliche angegebenen Äquivalenzen anhand des französisch-deutschen Teils.

7.1.1. Über zweisprachige Wörterbücher braucht nicht viel gesagt zu werden, da es sich dabei zweifellos um die am besten bekannten Arbeitsmittel handelt. Empfehlungen wollen wir nicht geben, sie könnten den Tatbestand der Schleichwerbung erfüllen. Ein schlechtes zweisprachiges Wörterbuch erkennt man sofort am Druckbild; je kompakter der Satzspiegel wirkt, desto besser ist in der Regel das Wörterbuch. Das liegt einfach daran, daß schlechte zweisprachige Wörterbücher sich darauf beschränken, einige möglichen Äquivalente aufzulisten; gute Wörterbücher geben dagegen nahezu immer einige Hinweise syntaktischer Art, in vielen Fällen einige Anwendungsbeispiele in Form von kurzen Syntagmen und die wichtigsten "idiomatischen" Verwendungen. Neben den normalen zweisprachigen Wörterbüchern wird sich bei vielen praktischen Übersetzungsaufgaben das Nachschlagen in Fachwörterbüchern nicht umgehen lassen. Theoretisch gesehen sollte die Kompilation von Fachwörterbüchern weit weniger Mühe machen als die von gemeinsprachlichen, da es hier ja tatsächlich um genau abgegrenzte Ausschnitte auf dem Gebiet der Bezeichnung geht, gewissermaßen um konkurrierende Nomenklaturen. (Dies gilt natürlich nur bedingt für den Bereich sozialer Institutionen; ein juristisches Fachwörterbuch ist weit schwieriger zusammenzustellen als eines auf dem Gebiet des Turbinenbaus). Dennoch muß man feststellen, daß viele Fachwörterbücher höchst unvollkommen und geradezu unbrauchbar sind. In schwierigen und wichtigen Fällen ist daher die direkte Information der indirekten vorzuziehen; wenn man nicht sicher ist, ob das zur Verfügung stehende Wörterbuch wirklich ein brauchbares Äquivalent für "Seitenhalbierende" anbietet und nicht etwa eines für "Mittellot", dann lege man einem ausreichend informierten Franzosen lieber ein Dreieck mit der entsprechenden eingezeichneten Linie vor - man wird dann den wirklich üblichen Ausdruck erhalten. Hat man eine längere, die Mühe rechtfertigende Übersetzung auf einem bestimmten Fachgebiet anzufertigen, so dürfte es sich gelegentlich empfehlen, sich mit Hilfe geeigneter Werke in Wortschatz und Ausdrucksweise auf diesem Gebiet "einzulesen".

7.1.2. Einsprachige Wörterbücher sind die wichtigsten Hilfsmittel nicht nur für den Übersetzer, sondern auch für den "Neuphilologen" in jenem altmodischen Sinn, dem möglicherweise schon bald kein Objekt auf dem Gebiet der Bezeichnung mehr entsprechen wird. Jeder sollte sich einmal davon überzeugen, was für ein außerordentlich reichhaltiges Material in den ganz großen - die man sich natürlich nicht kaufen kann, sondern die man in Bibliotheken benutzen muß - zusammengetragen worden ist; ein Material, das nicht nur für die Übersetzer, sondern auch für die Linguisten von kaum zu überschätzender Bedeutung ist. Für die praktische Arbeit dürften Werke in der Größenordnung des "Wahrig" und des "Petit Robert" genügen. Unter "einsprachigen Wörterbüchern" verstehen wir selbstverständlich rein sprachliche Nachschlagewerke und nicht etwa Konversationslexika; in vielen speziellen Fällen sind jedoch auch die großen Enzyklopädien unentbehrliche Hilfsmittel. Manche Nachschlagewerke nehmen eine Mittelposition zwischen sprachlichem Wörterbuch und Konversationslexikon ein, so z.B. "Der Neue Brockhaus"; der "Petit Larousse" ist in dieser Hinsicht zweigeteilt: der vordere Teil stellt ein sprachliches Wörterbuch dar, hinter den berühmten "pages roses" findet man einen sehr knapp gehaltenen enzyklopädischen Teil. Schließlich sind noch eine Reihe von weiteren einsprachigen Nachschlagewerken zu erwähnen, die zu den Arbeitsmitteln des Übersetzers gehören. Sogenannte "Synonymenlexika" geben nicht "Synonyme" im strengen Sinn an, sondern gruppieren semantisch verwandte lexikalische Einheiten unter übergeordnete Begriffe - sofern das überhaupt durchführbar ist (vgl. 3.4.1.2 und 5.3.1) - und bemühen sich, gerade diejenigen Fälle zu explizieren, in denen die zur Wahl stehenden Einheiten nicht unterschiedslos verwendet werden können. Neben Synonymenwörterbüchern können auch "Stilwörterbücher" und Nachschlagewerke für "Zweifelsfragen" (z.B. J. Hanse, Dictionnaire des difficultés grammaticales et lexicologiques) von großem Nutzen sein. Wenn es - vornehmlich bei der literarischen Übersetzung - um "schon einmal Gesagtes" geht, also um Redensarten, Sprichwörter, Zitate aus Autoren der Weltliteratur, wird man häufig entsprechende Nachschlagewerke zu Rat ziehen müssen (z.B. den "Büchmann") Fehlleistungen in diesem Zusammenhang sind besonders peinlich, wenn es sich um Rückübersetzungen handelt; z.B. sollte man einem Satz wie "*Wo ist der Schnee des verflossenen Jahres*" gegebenenfalls ansehen, daß es sich dabei um eine Übersetzung des Kehrreimes des "Ballade des Dames du Temps jadis" von Villon handeln könnte. Sollte sich diese Vermutung als richtig erweisen, so darf man nicht mit "*où est la neige de l'an passé*" übersetzen, sondern mit "*où sont les neiges d'antan*".

7.2. "Thème" und "Version"

In der allgemeinen Übersetzungsliteratur wird meist nur von Ausgangssprache und Zielsprache gesprochen, ohne Rücksicht darauf, welche Sprache die Muttersprache des Übersetzers ist und welche er als Fremdsprache erlernt hat. Unter theoretischen Gesichtspunkten ist die Vernachlässigung dieser Frage durchaus angebracht, praktisch hat sie jedoch eine große Bedeutung. In Frankreich, wo die Übersetzung beim Sprachstudium lange Zeit eine noch größere Rolle gespielt hat als in Deutschlang, unterscheidet man zwischen der "version", der "Herübersetzung" und dem "thème", der "Hinübersetzung". Grob vereinfachend kann man sagen, daß die Voraussetzung für erfolgreiches Übersetzen die angemessene p a s s i v e Kenntnis der AS und die angemessene a k t i v e Kenntnis der ZS ist. Da andererseits die passive Kenntnis einer Sprache Voraussetzung für ihre aktive Beherrschung ist, liegt der Schluß nahe, das "thème" für eine ungleich schwierigere Aufgabe als die "version" zu halten. Diese Ansicht ist global gesehen richtig, jedoch treten bei der "version" spezifische Schwierigkeiten auf, die beim "thème" weniger im Vordergrund stehen. Sie hängen alle mit dem Grad der passiven Sprachkenntnis zusammen; der einzige Vorteil, den der Übersetzer beim "thème" für sich verbuchen kann, ist der, daß er in der Regel den AS-Text doch besser versteht, als wenn er eine "version" anzufertigen hat. Da aber Übersetzungen - wie wir mehrfach gesehen haben - enge Verwandtschaft zu Paraphrasen aufweisen, kann bei ungenügenden Sprachkenntnissen und sehr schwierigen Texten sich gerade das "thème" als ein weniger hoffnungsloses Unterfangen erweisen als die "version". Was man verstanden hat, kann man paraphrasieren und - sicherlich mit zweifelhaftem Ergebnis - in eine andere Sprache übertragen, was man aber erst gar nicht verstanden hat, kann man auch nicht übersetzen, denn die Kunst, unverstandene Texte zu übersetzen, beherrscht nur die Übersetzungsmaschine. In 4.2.3. haben wir schon darauf hingewiesen, daß die "idiomatischen Wendungen" bei der Herübersetzung meist ein größeres Problem darstellen als bei der Hinübersetzung, da man sie bei dieser fast immer als solche erkennt und dementsprechend behandelt, bei jener hingegen oft "wörtlich" versteht und dann glaubt, die "dunkle" Stelle durch irgendwelche erklärenden Zusätze im ZS-Text "aufhellen" zu müssen. Bei der "version" hat man also ständig "methodischen Zweifel" hinsichtlich der eigenen passiven Kompetenz in der Fremdsprache zu hegen. Die ausführlichen Hinweise auf die spezifischen Schwierigkeiten der "version" erfolgen nicht deshalb, weil wir sie insgeheim doch für die schwierigere Aufgabe hielten, sondern weil die praktische Erfahrung zeigt, daß die Schwierigkeiten der "version" oft unterschätzt werden, während vor dem "thème" allgemeine, zweifellos begründete Furcht besteht. Wer viel fremdsprachliche Literatur liest, Filme, Theaterstücke und Fernsehsendungen ansieht, gibt sich nur allzuleicht der Illusion hin, "jedes Wort" verstanden zu haben, weil er das Auffassen von allgemeinen Sachverhalten und das mühelose Folgen von Handlungen mit genauem sprachlichen Verstehen verwechselt.

7.3. Fehlerhierarchie

Es gibt Fälle, in denen man auf alle oder doch nahezu alle in 7.1. aufgeführten Hilfsmittel verzichten muß, z.B. bei der Übersetzung unter Klausur- bzw. Examensbedingungen. Bis vor kurzem standen dem Studenten im Staatsexamen bei den neueren Sprachen überhaupt keine Hilfsmittel zur Verfügung; heute sind nahezu überall - je nach Universität verschiedene - Wörterbücher zugelassen. Diese von vielen Kandidaten als "unmenschlich" empfundenen Bedingungen sind nicht - wie zuweilen behauptet wird - reinem Sadismus entsprungen, sondern haben sich aus der Notwendigkeit ergeben, die Durchführung von Examensklausuren und deren Korrektur zu erleichtern. Je größer die Anzahl der zugelassenen Hilfsmittel ist, desto schwieriger gestaltet sich im allgemeinen die gerechte Bewertung der Übersetzungsleistungen und desto schwieriger werden die Rückschlüsse auf die tatsächlich vorhandenen Sprachkenntnisse. Ob die Übersetzung allerdings das geeignete Mittel ist, Kenntnisse in einer Fremdsprache zu überprüfen, ist eine andere Frage, auf die im folgenden Abschnitt kurz einzugehen sein wird. Hier wollen wir dem interessierten Kandidaten nur einige allgemeine Grundsätze nahebringen, nach denen in der Mehrzahl der Fälle beim Korrigieren von Übersetzungen verfahren wird (in erster Linie beim "thème"):

a) Verstöße gegen die Grammatikalität der ZS-Sätze werden fast immer schwerer bewertet als eine zu großzügige Auffassung in der Invariantenfrage; das gilt - von Ausnahmen abgesehen - besonders dann, wenn der Korrektor die ZS als Muttersprache spricht. "Grammatikalität" ist hier natürlich in jenem weiteren, im 4. Kapitel diskutierten Sinn zu verstehen, der lexikalische Inkompatibilität mit einschließt. "**Il pleut toujours encore*" wird also verhältnismäßig streng bewertet, wenn auch morphologisch-syntaktisch nichts daran auszusetzen ist.
b) Verstöße gegen Regeln mit großem Geltungsbereich werden strenger bewertet als Verstöße gegen Regeln mit geringem Geltungsbereich. Das gilt schon bei marginalen Fragen wie z.B. in der Orthographie, wo *hébdomadaire als schwerwiegenderer Verstoß gewertet wird als etwa *vetir; es gilt aber ganz besonders in der Frage "unidiomatischer" Wendungen wie "*au premier regard*" statt "*à première vue*" etc.
c) Fehler bei Elementen, die eine hohe Frequenz in ZS-Texten aufweisen, werden strenger bewertet als solche, die Elemente mit verhältnismäßig geringer Häufigkeit betreffen. *Il *prena* wird in jedem Fall strenger bewertet als *il maudisait.

Grundsatz b) und c) sind nicht hierarchsich geordnet, sie werden vielmehr nach dem Prinzip der Kreuzklassifikation angewendet; so ist "*au premier regard*" zwar ein verhältnismäßig geringer Verstoß im Hinblick auf b), aber ein verhältnismäßig schwerwiegender hinsichtlich c). Was nun die eigentlichen Übersetzungsfehler betrifft, d.h. die zu starken Abweichungen von der theoretisch erreichbaren semantisch-pragmatischen Übereinstimmung, so lassen sich keine weiteren allgemeinen Regeln formulieren. Die Grundsätze b) und c) gelten natürlich auch auf diesem Gebiet, jedoch treten beim "thème" verhältnismäßig selten Fehler dieser Art auf, die nicht gleichzeitig mit Verstößen gegen die Grammatikalität oder doch zumindest Akzeptabilität der ZS-Sätze verbunden wären. Bei der "version" sind Fehler dieser Art dagegen die Regel; Bewertungsmaßstab ist meist der Grad der Abweichung.

7.4. Übersetzung und Sprachdidaktik

Die Übersetzung hat im Sprachunterricht lange Zeit hindurch eine überragende, manchmal auch verhängnisvolle Rolle gespielt. Unter Sprachunterricht wurde und wird in besonders ungünstigen Fällen das Auswendiglernen einiger Paradigmata und regelartiger Merksätze verstanden, wozu dann noch das Lernen von "Vokabeln" zu rechnen ist, das meist in Form des Memorierens einfacher Wortgleichungen vorgenommen wird. Die erworbenen Fertigkeiten werden dann anhand von Übersetzungen überprüft, wobei der "version" naturgemäß mehr Beachtung geschenkt wird als dem "thème". Die moderne Sprachdidaktik - die nicht mit den Versprechungen einiger kommerzieller Institute zu verwechseln ist, dem zahlungswilligen Interessenten in wenigen Wochen "völlig natürlich und ohne Grammatik" gute Sprachkenntnisse beizubringen - schätzt die Rolle der Übersetzung im Fremdsprachenunterricht sehr viel zurückhaltender ein. Wenn das Lernziel nicht ausdrücklich Übersetzen und Dolmetschen aus einer fremden und in eine fremde Sprache ist - dafür gibt es bekanntlich besondere Lehranstalten - sondern im Erlernen einer fremden Sprache besteht, so ist grundsätzlich davon auszugehen, daß man beim Sprechen einer Sprache eine Nachricht nur einmal kodiert und nicht zweimal. Zwar werden Personen, bei denen der muttersprachliche linguistische Maturationsprozess abgeschlossen ist, immer gewisse Struktureigentümlichkeiten ihrer Muttersprache auf die zuerst gelernte Fremdsprache übertragen (bei mehreren Fremdsprachen ergibt sich ein weit komplizierteres Bild), jedoch soll man diese Tendenz nicht durch allzu häufiges Übersetzen noch unterstützen. Diese Sätze mögen nicht als naives Plädoyer für die konsequente Anwendung der sogenannten "direkten" Methode mißverstanden werden; deren Wert hängt wiederum stark von Alter und Mentalität der Schüler und von der Art des Unterrichts ab - bei zwanzig Wochenstunden ist sie weit sinnvoller als bei drei. Es handelt sich nur um das hier sehr allgemein formulierte Prinzip, daß die zeichenhaften Elemente der zu erlernenden Sprache mnemotechnisch so weit als möglich an typische Gebrauchssituationen und nicht an mögliche Textäquivalente der ZS gekoppelt werden sollen. Genau das geschieht aber durch zu vieles Übersetzen; der Schüler gewöhnt sich daran, die Kategorien seiner Muttersprache auf die fremde Sprache zu übertragen und fremdsprachliche Texte als eine Art von Kreuzworträtsel aufzufassen, das man "herausbekommen" muß. Selbstverständlich hat die Übersetzung im Fremdsprachenunterricht ihren Sinn und wird dort auch immer ihren Platz behalten. Auf gewisse regelmäßig auftretende Strukturunterschiede weist man am besten durch Paare von AS- und ZS-Sätzen hin, in denen sie wiederholt aktualisiert werden und selbstverständlich braucht man immer eine AS zur ersten Annäherung an eine bislang völlig unbekannte ZS, da auch die raffinierteste Sprachdidaktik den Prozess des ersten Erlernens einer Sprache durch das Kleinkind nicht vollständig simulieren kann.

7.4.1. Schließlich hat sogar die "hypergenaue" Übersetzung, die ranggebundene Übersetzung auf Morphemebene (vgl. (iii) in 4.1.1.) in der Sprachdidaktik im weiteren Sinn ihre Berechtigung. Den folgenden Satz haben wir nicht erfunden:

Zunge-Mißbesitz-Einzigartiges ergötz-lich-sehr-was so-geworden (i)

Er steht in Nikolaus Fincks "Haupttypen des Sprachbaus" und stellt eine ranggebundene Übersetzung aus dem Grönländischen dar, deren "freie" Variante im Deutschen lautet: "*Eine ergötzliche Geschichte ist folgende*". Diese Arten von Übersetzungen werden zu einem besonderen Zweck verwendet: sie sollen dem mit der ZS noch völlig unvertrauten Leser einen ersten Einblick in deren Struktur verschaffen. Sinnvoll ist ein solches Verfahren vor allem dann, wenn AS und ZS typologisch verhältnismäßig stark von einander abweichen, das kann auch bei genetisch unmittelbar miteinander verwandten Sprachen vorkommen:

Ubi de eius adventu Helvetii certiores facti sunt
ubi helvetii facti sunt certiores de eius adventu (ii)
Come gli Elvezii furono informati del suo arrivo

Beispiel (ii) ist einer italienischen Aufbereitung von Caesars "De bello gallico" für "bequeme" Schüler entnommen. Der mittlere Text stellt dabei eine besondere Abart der Paraphrase dar; es handelt sich um eine Umstellung der Segmente des AS-Textes parallel zu der im ZS-Text gegebenen Reihenfolge. Beim ZS-Text (das kann man aus dem kurzen obenstehenden Ausschnitt nicht klar erkennen) handelt es sich dann um eine sehr "wörtliche" Übersetzung der "AS-Paraphrase", die einer "rank-bound translation" im Sinne Catfords sehr nahekommt.

7.5. Literaturhinweise

Zu 7.1.
Güttinger, Zielsprache, S.89-111 (Was alles zu einem Übersetzer gehört)
Die Auswahl unter den in 7.1. aufgeführten Hilfsmitteln - zu denen noch die ausführlichen, auch als Nachschlagewerke zu benutzenden Grammatiken zu rechnen wären - soll dem Benutzer des Heftes selbst überlassen bleiben (vgl. Übungsteil). Wer besonders an Übersetzungsvorschlägen für Neologismen interessiert ist, dem sei die regelmäßige Lektüre von Zeitschriften wie "Lebende Sprachen", "Fremdsprachen", "Idioma", "Neusprachliche Mitteilungen", "Praxis des neusprachlichen Unterrichts", "Babel" und vieler anderer empfohlen. Alle präziseren Auskünfte lassen sich der zu Anfang des Literaturverzeichnisses angegebenen Bibliographie von Bausch/Klegraf/Wilss entnehmen.

7.6. Übungen

Ein "praktisches" Kapitel sollte natürlich nicht durch theoretische Übungen abgeschlossen werden, sondern durch einen praktischen Ratschlag: Verschaffen Sie sich in einer guten Präsenzbibliothek einen Überblick über die zur Verfügung stehenden Hilfsmittel, die wir in 7.1. besprochen haben. Arbeiten Sie öfters mit verschiedenen Werken derselben Kategorie, bevor Sie sich zur Anschaffung eines derselben entschließen.

8. LÖSUNGEN DER ÜBUNGSAUFGABEN

Vorbemerkung: Von Lösungen im strengen Sinne kann bei der Art der gestellten Übungsaufgaben nicht die Rede sein. Die folgenden "Lösungen" mögen als Hinweise für die Erörterung von Fragen verstanden werden, die in einem Proseminar zum Problem der Übersetzung behandelt werden können.

1 - 1 Es sind eine Menge von Fehlerquellen denkbar: 1) Die Antwort Ihres Informanten besteht aus einem Wort, mit dem zwar unter anderem in der betreffenden Sprache auch Äpfel bezeichnet werden können, das aber hinsichtlich seiner Extension einer weit größeren Klasse von Gegenständen entspricht (z.B. 'Obst', 'opferbare Frucht' 'Nachspeise' etc.) 2) Ihr Informant hat zwar Ihre Frageabsicht verstanden, interpretiert sie aber nicht als linguistische Informationsfrage. Dann könnte die Antwort bedeuten "Ja, den darfst du essen, wenn du willst" etc. Weitere Möglichkeiten vgl. Quine, Translation

1 - 2 Der Kommentar c) ist der angemessenste. Die beiden Äußerungen sind eher in pragmatischer als in semantischer Hinsicht vergleichbar (vgl. 3.1f.) "Es zieht!" kann als pragmatische Paraphrase von "Mach die Tür zu!" aufgefaßt werden.

1 - 3 a) Je regrette que vous ayez tant à faire
Je vous plains (vous êtes à plaindre), vous avez vraiment beaucoup à faire

b) Elle a des enfants
Elle aura un enfant
Elle eut peur
Elle reçut un beau cadeau

c) Hier j'étais chez lui
Versailles se trouve près de Paris
La linguistique n'est pas appréciée chez les étudiants
A ces mots il se leva
Avec sa paresse il faut s'attendre à tout
Malgré toute (ma bonne) volonté de (te, le etc.) comprendre tu (il etc.) va(s) cependant trop loin
Il le prit par la main

d) Gib mir das Buch
Gefällt dir das Buch? Ich schenke es dir!

1 - 4 a) Die Wörter werden in kleineren Lexika z.T. nicht aufgeführt; wenn sie aufgeführt werden, so haben die angegebenen Äquivalente oft erklärenden, "enzyklopädischen" Charakter (z.B. *Pumpernickel*: pain noir de Westphalie) und können, so wie sie im Wörterbuch stehen, nicht ohne weiteres in Texten verwendet werden (vgl. 4.1.2.)

b) "*gemütlich*" taucht nur einmal wieder auf und nicht gerade an exponierter Stelle. Zweisprachige Wörterbücher geben keine Bedeutungsäquivalente an (die es im strengen Sinne gar nicht gibt), sondern m ö g l i c h e Textäquivalente (vgl. 3.2.); die Invariante besteht dabei gelegentlich aus einem einzigen inhaltsunterscheidenden Zug. Die scheinbare Asymmetrie der Entsprechung hat praktische Gründe: Weist eine Einheit inhaltliche Züge auf, die nur sehr approximative Entsprechungen bei ZS-Einheiten finden, so wird sie von den Lexikographen aus einleuchtenden Gründen stärker in ihrer Funktion als evtl. AS-Einheit denn als evtl. ZS-Einheit berücksichtigt.

1 - 5 Fremdwörter: *Teint, Taille, Appartement.* Lehnwörter: *Pöbel, Schanze.* Lehnübersetzung$_1$: *Schöngeist, unterhalten.* Lehnübersetzung$_2$: abhängen (von)

2 - 1 In 2 - 2 kommt SV einmal, in 2 - 6 zweimal, in 2 - 1 dreimal vor. 2 - 1 ist das "skeptischste" Modell, was die Invariantenfrage angeht. Es betont deutlicher als 2 - 6, daß schon bei der einsprachigen Kommunikation die Identität von dem, was S "meint" und dem, was E "versteht", nicht gewährleistet ist (vgl. die Komponente V' in Linguistik I, S.27 2. Schema)

2 - 2 a) Alle deutschen Wörter, ob sie nun häufig sind oder nicht "gibt es" in der anderen Sprache nicht, es sei denn einige Fremdwörter, die wirklich "bons amis" wären. Keines der in der deutschen Übersetzung vorkommenden Wörter kann daher in der Vorlage "vorhanden" sein.

b) Der Autor verlangt von einer Übersetzung, daß sie wie ein normaler AS-Text wirken soll, d.h. eine totale Transposition des "Sinnes" eines Textes, nicht der Bedeutungsstruktur der Sätze, aus denen er besteht. Pragmatische Angemessenheit ist ihm also wichtiger als semantische Genauigkeit.

c) Gemeint sind Wörter, die in ZS-Texten nie oder sehr selten ebenfalls durch Wörter wiedergegeben werden können, sondern denen mit einiger Regelmäßigkeit komplexere Segmente, sogenannte "Umschreibungen" entsprechen. Z.B. *holen*: Eine Übersetzung wird möglicherweise *holen*, ein verhältnismäßig häufiges deutsches Verb, nicht enthalten, wenn Sätze wie *"Va me chercher un dictionnaire dans la bibliothèque"* mit *"Geh und suche mir ein Lexikon im Bücherzimmer"* übersetzt werden. *Leise:* relativ häufige Textäquivalente im Französischen sind: *sans bruit, doucement, à voix basse.* Eine Übersetzung aus dem Französischen, die diese Ausdrücke immer mit *"ohne Geräusch", "sanft", "mit leiser Stimme"* wiedergibt, auch in Kontexten, wo man im Deutschen normalerweise *leise* sagen würde, ist im Sinne unseres Autors eine schlechte Übersetzung. Dem ist im allgemeinen zuzustimmen, jedoch kann es gewisse Übersetzungszwecke geben, die ein anderes Verfahren rechtfertigen.

3 - 1 a) la tour *penchée;* la torre *pendente*
Weitere Beispiele: *danger de mort: Lebensgefahr; Kugelstoßen: lancement du poids; Ultrakurzwelle (UKW): modulation de la fréquence* (MF) etc.

b) Alle Beispiele dieser Art sind inhaltlich analysierbar, bzw. "morphologisch motiviert"; sehr häufig stehen frz. nicht motivierte, sogenannte "undurchsichtige" oder "opake" Wörter deutschen "relativ motivierten" Wörtern gegenüber z.B.: *gant: Handschuh, concierge: Hausmeister* etc. (Ob die Motivation im Bewußtsein der Sprecher auch tatsächlich aktualisiert wird, ist eine andere Frage). Stehen sich wie oben in beiden Sprachen motivierte Ausdrücke gegenüber, so kann die Art der Motivation, "die Art des Gegebenseins" bei identischer Extension verschieden sein. UKW bezieht sich z.B. nur auf die Wellenlänge, MF dagegen auf die Tatsache, daß die Information nicht wie bei den übrigen Radiowellen der Amplitude der Trägerfrequenz aufmoduliert wird, sondern der Frequenz selbst. Gemeint ist mit beiden Ausdrücken genau derselbe Vorgang.

3 - 2 Die beiden deutschen Verben; denn logisch gesehen gilt: je geringer die Zahl der Verwendungsmöglichkeiten (bzw. 'Redebedeutungen'), desto "reicher" der Inhalt.

3 - 3 a) Ein Auto *fahren* ('lenken') wird durch *conduire, guidare, guiar, to drive* wiedergegeben. Es bleibt zu zeigen, daß auch *fahren* und *to drive* nicht denselben Anwendungsbereich haben:

"Fahren wir?" "Ja", sagte sie, *"fahren* wir ..."
"Shall we *go?"* "Yes" she said, "let's *go* ..."
Entsprechend kann man fortfahren, indem man jede der beteiligten Sprachen als AS auftreten läßt.

b) Il *marchait* lentement, car la route était glissante
Il *va* à Paris pour un an
J'y *vais* par le train
Jede Art der Fortbewegung kann im Französischen durch *aller* ausgedrückt werden (evtl. mit genauerer Angabe der Modalität), aber gerade nicht "zu Fuß gehen" in absoluter Verwendung ohne Angabe des Ziels. Im Deutschen kann *gehen* nicht verwendet werden, wenn Fortbewegungsmittel im Mikrokontext enthalten sind oder wenn sie aus der Situation direkt erschlossen werden können. D.h. aber nicht, daß *gehen* nicht dennoch als Äquivalent der "abstrakten" Verwendungen von *aller* auftreten kann; das geschieht immer dann, wenn die Art der Fortbewegung irrelevant ist und nur die Ortsveränderung von Belang ist: Er *geht* als Abteilungsleiter zu IBM; sie *geht* für drei Jahre nach Amerika. (Über *kommen* in diesem Zusammenhang vgl. 5.3.2.)

3 - 4 a) Bei a) läßt sich eine Art von doppelter Transposition feststellen, die in der "stylistique comparée" "c h a s s é - c r o i s é" genannt wird; das Verb der AS entspricht inhaltlich einer adverbialen Bestimmung in der ZS und umgekehrt.

b) Bei b) entspricht einem frz. Verb eine deutsche Fügung vom Typ Verb + "Verbzusatz" (vgl. 5.3.2.) Dabei entspricht der Verbzusatz im großen und ganzen der "Lexembedeutung" des frz. Verbs, während die Verben - vom Französischen her gesehen - als bloße "Träger der Verbalität" fungieren. Die deutschen Fügungen erscheinen daher - immer vom Französischen aus gesehen - als besonders "genau", da sie feinere "Selektionsbeschränkungen" (vgl. 4.2.) aufweisen: das Leben *geht* weiter, jemand *macht* weiter, etwas wird weiter *geführt*.

3 - 5 Der Autor wollte vor der falschen Gleichung *passer: passieren* warnen, begeht aber selbst den Irrtum anzunehmen, daß im betreffenden Beispielssatz *passieren* die Bedeutung 'durchgehen' habe. Diese Bedeutung ist jedoch selten und veraltet (wenn man von der transitiven Verwendung des Wortes in der küchentechnischen Fachsprache absieht). Im betreffenden Satz wird das Verb als 'vorkommen, unterlaufen' interpretiert und wäre daher durch *arriver* oder etwas Ähnliches wiederzugeben.

4 - 1 Auch wenn wir davon ausgehen, daß die Mengen der Buchstaben und die der "Phoneme" eineindeutig aufeinander abbildbar sind (was, wie wir aus dem Rechtschreibeunterricht wissen, nicht der Fall ist) und "Buchstaben" hier als "Phonem" interpretieren, ist der Ausdruck insofern Unsinn, als Phoneme zwar zur Unterscheidung von Bedeutungen beitragen, selbst aber keine Bedeutung haben. Unser Verständnis von der Übersetzung geht jedoch davon aus, daß Inhaltliches in irgendeiner Form als Invariante auftreten muß.

4 - 2 Stundenlang hatte er versucht, die elektrische Eisenbahn seines Sohnes zu reparieren. Schließlich hatte er eine Idee. *Er ging mit der Bahn zu seiner Schwiegermutter.* Die hatte einen vollmechanisierten Haushalt und verfügte über beachtliche Kenntnisse auf elektrotechnischem Gebiet.

4 - 3

eine Landschaft malen	: eine Wand *an*malen (bemalen)
Stroh verbrennen	: der Rauch brennt mir *in den* Augen
ein Kleid *zu*schneiden	: eine Scheibe Brot *ab*schneiden
ein Loch bohren	: eine Wand *durch*bohren
Geld stehlen	: den Chef *be*stehlen
Geld rauben	: eine Bank (*be*)*aus*rauben

Die deutschen Verben reagieren im allgemeinen empfindlicher auf die verschiedenen Arten von "direkten Objekten". Verschiedene Arten der Affizierung eines Objekts werden oft (jedoch keineswegs immer) durch eine Reihe von Affixen gekennzeichnet.

4 - 4 Je cherche un homme qui *sait* nager
Je cherche un homme qui *sache* nager
Die "natürlichste" Paraphrase hebt die Ambiguität nicht auf, da *müssen* auch zum Ausdruck der logischen Schlußfolgerung verwendet werden kann: *Ich suche einen Mann, der schwimmen können muß.* Eindeutig disambiguiert werden beide Sätze erst im folgenden Fall: *Ich suche einen Mann. Ich weiß, daß er schwimmen kann. Ich suche einen Mann. Es ist notwendig, daß er schwimmen kann.* Hier stellt sich allerdings das Problem, ob die beiden Sätze noch als "Paraphrasen" des mehrdeutigen Satzes gelten dürfen.

4 - 5 a) Jean raconte sa vie constamment. Ce fait ennuie Marie.
Jean raconte sa vie. Marie l'invite à le faire le moins souvent possible.

b) Beide Infinitive werden als "complément du verbe" aufgefaßt, jedoch wird der im ersten Satz vorkommende Typ gesondert behandelt als "infinitif qui s'emploie comme équivalent d'une proposition circonstancielle (§762) und es wird ausdrücklich betont, daß ein solcher Infinitiv sich nur auf das Subjekt des Satzes beziehen dürfe (§763).

c) Ja, denn der erste läßt sich umstellen, der zweite nicht.

4 - 6 E-B B E
le salaire de la peur
qu paye qc à qu pour qc → ce qu'on paye à qu pour qc
qu a peur → le fait que qu a peur
ce qu'on paye à qu pour le fait qu'il a peur →
le salaire de la peur

E-B G-B A
der Trost meines Alters
jmd. tröstet jmdn. dann (zu einem bestimmten Zeitpunkt) →
jmd. ist jmds. Trost zu diesem Zeitpunkt
ich bin alt → mein Alter
der Trost meines Alters
Keine Ideallösungen, sondern höchst verbesserungswürdige Vorschläge. Auch wer zu anderen Ergebnissen gekommen ist, wird zugeben, daß Nida/Tabers Vorschläge nicht unproblematisch sind.

4 - 7 T-Regeln überführen Tiefenstrukturen in Oberflächenstrukturen, nicht Oberflächenstrukturen in andere Oberflächenstrukturen. Beim ersten Modell konnten gewisse tatsächlich vorkommende Sätze cum grano salis als Repräsentanten der Tiefenstruktur aufgefaßt werden; unser Satz mit der Strukturbeschreibung (a) müßte also als dem Satz mit der Beschreibung (b) zugrundeliegend angesehen werden. Dafür fehlen alle Voraussetzungen; es hat sich gezeigt, daß man in ähnlichen Fällen besser von folgender Sequenz ausgeht: "*er das Buch gelesen hat*"; dies ist auch die in Nebensätzen tatsächlich übliche Reihenfolge.

4 - 8 Die Wörter der linken Reihe sind im Gegensatz zu den Ausdrücken der rechten Reihe "opak", morphologisch nicht motiviert (vgl. Übung 3 - 1 b)) Bei den unten angegebenen Entsprechungen sind die Ausdrücke beider Reihen motiviert, jedoch lassen sich die Wörter links in jeweils ein Lexem + Affixe zerlegen, die Ausdrücke rechts in mehrere Lexeme und Affixe.

5 - 1 - vgl. Ich war es, der gestern im Fernsehen gesprochen *hat*,
aber: ich, der *ich* gestern im Fernsehen gesprochen *habe*
- Substantivierung des Infinitivs, vgl. 4.1.2.
- Konjunktiv oder Kondizional stehen im Deutschen in der indirekten Rede (in der gehobenen Sprache auch dann, wenn die Wahrheit der Aussage in keiner Weise bezweifelt wird).
- *Madame* ist ein gutes Äquivalent für *Frau*, wenn es um den Titel in Verbindung mit dem Familiennamen geht; als Anredeform allein kann *Frau* nicht wie *madame* verwendet werden (vgl. 3.1.1.)

- "*circonscription*" kann nur räumlich verwendet werden, z.B. in der Geometrie; während deutsch "*Umschreibung*" gerade in der metaphorischen Bedeutung 'périphrase' am häufigsten gebraucht wird (vgl. 3.4.1.1.)
- Das Partizip des Präsens' kann im Deutschen prinzipiell zur adjektivischen Determination verwendet werden, im Französischen nur in besonderen "lexikalisierten" Fällen. Häufig liegen auch Doppelformen vor wie *savant* - *sachant*
- *agir* und *handeln* sind in vielen Fällen gute Äquivalente, jedoch verlangt *handeln* normalerweise das Merkmal [+Hum] in der Subjektsposition (vgl. 1.2. und 4.2.1.)
- Bei deutschen Verben wird innerhalb der Kategorie "transitiv" stärker hinsichtlich der verschiedenen Arten von direkten Objekten variiert als bei frz. Verben. Es genügt daher oft nicht, ein geeignetes Äquivalent für den "Stamm" zu finden, man muß auch das richtige Affix wählen (vgl. Aufgabe 4 - 3 und 4.2.2.1.)

5 - 2 Die beiden Forderungen können "wörtlich" verstanden werden. Im Deutschen besteht oft eine echte Wahlmöglichkeit, während im Französischen Abweichungen vom üblichen Gebrauch geradezu als sprachliche Fehler bewertet werden.

5 - 3 a) *nettoyer* allgemein Entfernen von Schmutz im materiellen, *purifier* im geistigen Sinn, letzteres jedoch m.E. auch auf Luft und Wasser anwendbar. (≙ *propre* vs. *pur)*
laver = reinigen unter reichlicher Verwendung von Flüssigkeit, meist Wasser, *essuyer, balayer* = reinigen unter Verwendung spezieller Werkzeuge und Techniken. *débarbouiller* = reinigen speziell des menschlichen Gesichts, m.E. auch des Körpers.
reinigen allgemeinster Ausdruck, sowohl im materiellen als auch im geistigen Sinn; *säubern* nur im materiellen Sinn verwendbar (in diesem Sinn allerdings auch "übertragen": Gelände von Partisanen säubern); es liegt eine "inklusive Opposition" vor (vgl. Schema in b)). *reinigen* funktioniert jedoch fachsprachlich gewissermaßen auch als sein eigener Unterbegriff mit der Bedeutung 'entschmutzen von Textilien ohne Verwendung von Wasser'. *Waschen* = dagegen 'entschmutzen' unter (reichlicher Verwendung von Wasser', jedoch sind, je nach Interpretation dieses Vorgangs, verschiedene Affixe erforderlich: *auf*waschen, *ab*waschen. *Putzen* = als notwendig oder wünschenswert empfundenes Entschmutzen zur Pflege von Gegenständen oder aus hygienischen Gründen; *kehren (fegen)* und *aufwischen* können als technische Unterbegriffe aufgefaßt werden, würden im Norddeutschen allerdings eher unter "*sauber machen*" fallen. *Putzen* 'schmücken' ist veraltet

b)

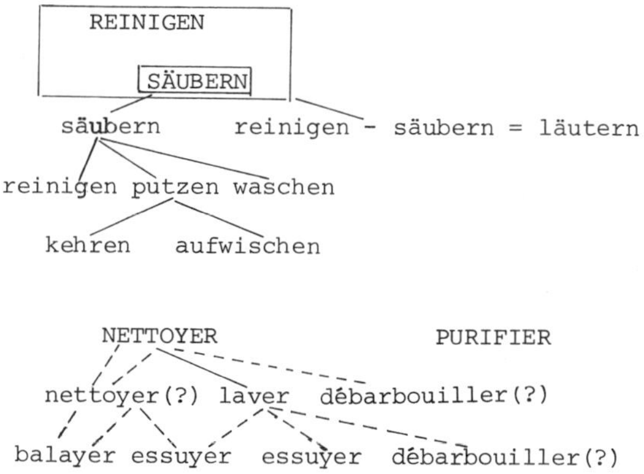

c)

	$reinigen_1$	-	purifier
säubern {	$reinigen_2$	-	$nettoyer_1$
	putzen	-	$nettoyer_2$
	waschen	-	$laver_1$
	auf/abwaschen	-	$laver_2$
	kehren	-	balayer
	wischen	-	$essuyer_1$
	auf/abwischen	-	$essuyer_2$

E- e - Modell nach G. Jäger, Übersetzungswissenschaft (sehr stark vereinfacht!)

Wer zu anderen Ergebnissen gekommen ist, braucht deshalb nicht Unrecht zu haben. Genaue Wortfelduntersuchungen erfordern sehr viel mehr Aufwand, als wir ihn hier treiben konnten und können außerdem nur in einer zuvor abzugrenzenden "funktionellen" Sprache vorgenommen werden (vgl. 6.1f.)

5 - 4 a) (i) und (iii) sind semantisch zu "genau", pragmatisch aber hervorragende Übersetzungen; (ii) ist semantisch zu "allgemein", pragmatisch aber angemessen.

b) In beiden Fällen stellt die deutsche Verbalkomposition vom Französischen aus gesehen ein relativ elegantes Verfahren dar, komplexe Sachverhalte mit wenig Aufwand zu bezeichnen.

c) In beiden Fällen liegen die deutschen Sätze hinsichtlich des Explikationsgrades in einer für den Übersetzer ins Französische unbequemen "Mitte". Man findet daher entweder präzisierende oder verallgemeinernde Übersetzungen. Gerade bei den Positionsverben haben wir überdurchschnittlich viele Auslassungen festgestellt; natürlich nur dann, wenn die betreffenden Passagen für den Gesamtzusammenhang nicht wichtig waren.

5 - 5 a) 1) Komposition: *auberge de jeunesse - Jugendherberge*

2) Genitiv: *le salaire de la peur - Lohn der Angst*

3) adjektivische Determination: *la guerre de trente ans - der Dreißigjährige Krieg*

4) andere Präpositionen (vgl. 5.3.1.)

b) der Pariser Zug

c) Ce ne fut pas seulement une bataille qui se déroula dans les environs de Leipzig, mais ce fut une bataille dont le but était de s'emparer de la ville elle-même

(Nur eine unter recht unterschiedlichen Übersetzungsmöglichkeiten; in jedem Fall muß die aktualisierte Opposition zwischen den beiden deutschen Präpositionen im Französischen mit ziemlich aufwendigen Mitteln wiedergegeben werden).

6 - 1 a) Wandruszka (und mit ihm viele andere Linguisten) versteht unter Konnotationen nicht das, was das Zeichen evoziert, indem es an die Umgebung erinnert, in der es normalerweise gebraucht wird, sondern die Assoziationen, die die bezeichneten Gegenstände und Sachverhalte selbst auslösen.

b) Die "mitempfundenen Bedeutungen" bei Nida/Taber entsprechen b e i d e n hier besprochenen Bedeutungen von "Konnotation"

c) Die Psycholinguistik

6 - 2 a) (i) Was hast du denn für den Anzug hingelegt (-geblättert)? Das, was er kostet ... Ich hab' ihn nicht geklaut

(ii) Nach einer Rauschgiftaffäre hatte man ihn rausgeschmissen

(iii) Sollte ich sie erst mal um fünfzig oder gleich um hundert Dollar anhauen?

(iv) Ich krieg nichts mehr runter, wenn ich dich so ansehe

(v) Die ham gesagt, wenn man'n Mann hat, wo so'n Schwein is, da gibt's nur eins: abmurksen

(vi) Erst mal hab' ich 'n Gin gekippt, das hat ganz schön beim Nachdenken geholfen

(vii) Fast jeden Abend trieb er sich in Kneipen rum, in der Hoffnung, was an Land zu ziehen

(viii) Sie stützte sich auf die Theke und kam, den Umstand nutzend, daß Gridoux beim Fressen in der Entwicklung seiner Gedankengänge behindert war, auf ihre persönlichen Probleme zu sprechen.

b) *écluser* 'durchschleusen'; *bousiller* 'in Lehmbauweise errichten'; *bouffer* 'sich bauschen' (Stoff), 'gehen' (Teig); *draguer* 'Minen räumen 'mit Schleppnetz fischen'

c) Der Einsatz von Elementen aus recht unterschiedlichen sprachlichen Schichten im selben Satz: *discourir, ne* ohne pas etc. = "gehoben" - bouffer 'essen' = "volkstümlich" .

9. LITERATURVERZEICHNIS

I. Bibliographie

Bausch, K.-R./Klegraf,J./Wilss,W.: The Science of Translation: An Analytical Bibliography (1962-1969), Tübingen 1970
- : The Science of Translation: An Analytical Bibliography Volume II 1970-1971 (and Supplement 1962-1969). Tübingen 1972

Die angegebene Bibliographie enthält ihrerseits Bibliographien und bietet somit eine umfassende Information.

II. Spezielle Literatur zum Problem der Übersetzung

Catford,J.C.: A Linguistic Theory of Translation. London 1955
Faiß,K.: Übersetzung und Sprachwissenschaft - Eine Orientierung. In: IRAL X,1 (1972), S.1-20
Forster,L.: Translation. An Introduction. In: Booth,A.D.u.a. (Hrsg.): Aspects of Translation. London 1958, S.1-28
Güttinger,F.: Zielsprache. Theorie und Technik des Übersetzens. Zürich 1963
Italiander,R.: Eines der würdigsten Geschäfte im allgemeinen Weltverkehr. Marginalien zu dem Problem der Literarischen Übersetzung. In: Linguistica Antverpiensia II (1968), S.251-273
Jäger,G.: Elemente einer Theorie der bilingualen Translation. In: Grundfragen der Übersetzungswissenschaft. Beiheft II zur Zeitschrift Fremdsprachen. Leipzig 1968, S.35-52
- : Übersetzungswissenschaft und vergleichende Sprachwissenschaft. In: Růžička,R. (Hrsg.): Probleme der strukturellen Grammatik und Semantik. Leipzig 1968, S.209-222
Kade,O.: Kommunikationswissenschaftliche Probleme der Translation. In: Grundfragen der Übersetzungswissenschaft. Beiheft II zur Zeitschrift Fremdsprachen. Leipzig 1968, S.3-19
Mounin,G.: Les problèmes théoriques de la traduction. Paris 1963
- : Die Übersetzung. Geschichte Theorie Anwendung (Aus dem Italienischen von H.Stammerjohann) München 1967.
Neubert,A.: Pragmatische Aspekte der Übersetzung. In: Grundfragen der Übersetzungswissenschaft. Beiheft II zur Zeitschrift Fremdsprachen. Leipzig 1968, S.21-33
Nida,E.A.: Linguistics and Ethnology in translation problems. In: Word 1 (1945), S.21-33
- : Principles of translation as exemplified by Bible translating. In: Brower, R.A. (Hrsg.): On Translation. Cambridge (Mass.) 1959, S.11-31
- : Science of Translation: In: Language 45,3 (1969), S.483-498
Nida,E.A./Taber,Ch.R.: Theorie und Praxis des Übersetzens unter besonderer Berücksichtigung der Bibelübersetzung (deutsch von R.Kassühlke und J.A.Loewen) Weltbund der Bibelgesellschaften 1969

Oomen,U.: Der Übersetzungsprozess und seine Automatisierung. In: Folia Linguistica III (1969), S.153-166
Quine,W.V.: Meaning and Translation. Jetzt in: Fodor,J.A./Katz,J.J. (Hrsg.): The Structure of Language. Readings in the Philosophy of Language. Englewood Cliffs 1964, S.460-478
Reiß,K.: Überlegungen zu einer Theorie der Übersetzungskritik. In: Linguistica Antverpiensia 2 (1968), S.369-383
- : Möglichkeiten und Grenzen der Übersetzungskritik. Kategorien und Kriterien für eine sachgerechte Beurteilung von Übersetzungen. München 1971
Schnelle,H.: Neue Aspekte in der Theorie des Übersetzens. In: Sprache im technischen Zeitalter 23 (1967), S.239-248
Störig,H.J.(Hrsg.): Das Problem des Übersetzens. Stuttgart 1963
Truffaut,L.: Grundprobleme der deutsch-französischen Übersetzung. München ³1968 Vgl. Rez. R.Klescewski In: Idioma 5/6(1969) S.269-278

III. Verzeichnis der übrigen, im vorliegenden Heft verwendeten Literatur

(Bekannte Nachschlagewerke und Grammatiken sind nicht aufgeführt)

Albrecht,J.: Le français langue abstraite? (TBL 10) Tübingen 1970
- : "Monsieur! vous avez perdu vos gants!" Zum Problem der Anredeformen im Deutschen und in einigen benachbarten Sprachen. In: Bausch,K.-R./Gauger,H.-M. (Hrsg.): Interlinguistica (vgl. dort), S.355-370
Bally, Ch.: Traité de Stylistique Française (2 volumes) Heidelberg 1909
- : Linguistique générale et linguistique française. Bern ³1950
Bausch,K.-R.: Verbum und Verbale Periphrase im Französischen und ihre Transposition im Englischen, Deutschen und Spanischen. Diss. Tübingen 1963
- : Die Transposition. Versuch einer neuen Klassifikation. In: Linguistica Antverpiensia II (1968), S.29-50
Bausch,K.-R./Gauger,H.-M. (Hrsg.): Interlinguistica, Sprachvergleich und Übersetzung. Festschrift zum 60. Geburtstag von Mario Wandruszka, Tübingen 1971
Bechert,J./Clément,D./Thümmel,W./Wagner,K.-H.: Einführung in die generative Transformationsgrammatik. München ²1971
Bloomfield,L.: Language. Neudruck New York-Chicago-San Francisco-Toronto 1966
Bocheński,I.M.: Die zeitgenössischen Denkmethoden. Bern-München ⁴1969
Bocheński,I.M.Menne,A.: Grundriß der Logistik. Paderborn ³1965
Bolinger,D.: Transformulation: Structural Translation: In: Acta Linguistica Hafniensia IX (1965/66), S.130-144
Brekle,H.E.: Semantik. UTB 102 München 1972
Brinkmann,H.: Die Deutsche Sprache. Gestalt und Leistung. Düsseldorf 1962
Bühler,H./Fritz,G./Herrlitz,W./Hundsnurscher,F./Insam,B./Simon,G./Weber,H.: Linguistik I. Lehr- und Übungsbuch zur Einführung in die Sprachwissenschaft (Germanistische Arbeitshefte 5) Tübingen ³1972
Bünting,K.-D.: Einführung in die Linguistik. Frankfurt/M. 1971
Chomsky,M.: Aspekte der Syntaxtheorie (Übersetzung durch ein Kollektiv der Deutschen Akademie der Wissenschaften) Frankfurt/M.-Berlin 1969
Coseriu,E.: Determinierung und Umfeld. In: Sprachtheorie und allgemeine Sprachwissenschaft (deutsch von U.Petersen; erscheint München 1973)
- : Structure lexicale et enseignement du vocabulaire. In: Actes du premier colloque international de linguistique appliquée. Nancy 1966. S.175-217
- : Lexikalische Solidaritäten. In: Poetica 1,3 (1967), S.293-303
- : Bedeutung und Bezeichnung im Lichte der strukturellen Semantik. In: Hartmann,P./Vernay,H.(Hrsg.): Sprachwissenschaft und Übersetzen (Commentationes Societatis Linguisticae Europaeae III) München 1970, S.1-18
- : Über Leistung und Grenzen der kontrastiven Grammatik. In: Probleme der kontrastiven Grammatik (Jahrbuch 1969 des Instituts für deutsche Sprache) Düsseldorf 1970, S.9-30

- : Semantik, innere Sprachform und Tiefenstruktur. In: Sprache, Strukturen und Funktionen (TBL 2) Tübingen, 1970, S.213-224

Dubois,J./Dubois-Charlier,F.: éléments de linguistique française: syntaxe. Paris 1970

Frege,G.: Über Sinn und Bedeutung. Jetzt in: Funktion, Begriff, Bedeutung. Fünf logische Studien. Göttingen ²1966

Geckeler,H.: Zur Wortfelddiskussion. (Internationale Bibliothek zur allgemeinen Linguistik 7) München 1971

Gleason,H.A.: An Introduction to Descriptive Linguistics. New York ²1961

Guiraud,P.: Les Locutions Françaises (Que sais-je? 903) Paris ²1962

Harris,R.: Translation Propositions. In: Linguistica Antverpiensia II (1968), S.217-227

Harris,Z.S.: Structural Linguistics. Chicago ⁵1961

Hartmann,P.: Texte als linguistisches Objekt. In: Stempel,W.-D. (Hrsg.) Beiträge zur Textlinguistik (Internationale Bibliothek zur allgemeinen Linguistik 1) München 1971, S.9-29

Heger,K.: Die Bezeichnung temporal-deiktischer Begriffskategorien im französischen und spanischen Konjugationssystem. (Beihefte zur ZRPh 104) Tübingen 1963

Heringer,H.J.: Deutsche Syntax (Sammlung Göschen 1246/1246a) Berlin 1970

Hilty,G.: Strukturunterschiede zwischen französischem und deutschem Bewegungsausdruck. In: Moderne Sprachen 9, 2-4 (1965)(Festschrift Gossen), S.25-35

Hjelmslev,L.: Prolégomènes à une Théorie du Language (frz. von U.Canger) Paris 1968

Hundsnurscher,F.: Neuere Methoden der Semantik (Germanistische Arbeitshefte 2), Tübingen ²1971

Kamlah,W./Lorenzen,P.: Logische Propädeutik, Mannheim 1967

Klein,H.-W.: Schwierigkeiten des deutsch-französischen Wortschatzes. Germanismen - Faux Amis. Stuttgart 1968

Kronasser,H.: Handbuch der Semasiologie. Heidelberg 1952

Lerch,E.: Französische Sprache und Wesensart. Frankfurt/M. 1933

Lyons,J.: Introduction to Theoretical Linguistics. Cambridge ²1969

Malblanc,A.: Stylistique comparée du Français et de l'Allemand. Paris ²1963

Martinet,A.: Eléments de Linguistique Générale. Paris ²1961

Menne,A.: Einführung in die Logik. Bern 1966

Rohrer,C.: Funktionelle Sprachwissenschaft und Transformationelle Grammatik. (Internationale Bibliothek für allgemeine Linguistik 10) München 1971

Saussure,F.de: Cours de Linguistique Générale. Neudruck Paris 1971

Sauvageot,A.: Portrait du vocabulaire français. Paris 1964

Savigny,E.v.: Grundkurs im wissenschaftlichen Definieren. München 1970

Schmidt,W.: Lexikalische und aktuelle Bedeutung. Ein Beitrag zur Theorie der Wortbedeutung. Berlin 1965

Searle,J.R.: Sprechakte. Ein sprachphilosophischer Essay (deutsch von R.und R. Wiggershaus) Frankfurt/M. 1971

Seiffert,H.: Einführung in die Wissenschaftstheorie 1 München ⁵1972

Slama-Cazacu,T.: Langage et contexte. Le Problème du langage dans la conception de l'expression et de l'interpretation par des organisations contextuelles. 'S-Gravenhage 1961

Strohmeyer,F.: Der Stil der französischen Sprache. Berlin 1910

Truffaut,L.: Stylistique Française. Exercices pratiques. München 1962

Ullmann,S.: Précis de Sémantique Française. Bern 1952

Ungeheuer,G.: Paraphrase und syntaktische Tiefenstruktur. IPK Forschungsbericht 4 (1968), S.178-227

Wagner,K.-H.: Probleme der kontrastiven Sprachwissenschaft. In: Sprache im technischen Zeitalter 32 (1969), S.305-326

Wandruszka,M.: Sprachen vergleichbar und unvergleichlich. München 1969

- : Deutsche und romanische Verbalstrukturen. In: Probleme der kontrastiven Grammatik (Jahrbuch 1969 des Instituts für deutsche Sprache) Düsseldorf 1970, S.53-69

- : Interlinguistik. Umrisse einer neuen Sprachwissenschaft. München 1971
- : Le bilinguisme du traducteur. In Langages, 7ème année, décembre 1972 (i.Druck)
Wartburg,W.v.: Einführung in Problematik und Methodik der Sprachwissenschaft. Tübingen ³1970
Whorf,B.L.: Sprache Denken Wirklichkeit. Beiträge zur Metalinguistik und Sprachphilosophie (deutsch v.P.Krausser) (rde 174) Reinbek bei Hamburg 1963
Wunderlich,D.: Die Rolle der Pragmatik in der Linguistik. Der Deutschunterricht 22,4 (1970), S.5-41

10. SACHREGISTER